Qualidade
Ferramentas
para uma Melhoria
Contínua

THE
MEMORY JOGGER™
Michael Brassard

Copyright© 2015 by GOAL/QPC

Todos os direitos reservados à Qualitymark Editora Ltda. É proibida a duplicação ou reprodução deste volume, ou parte do mesmo, sob qualquer meio, sem autorização expressa da Editora.

Direção Editorial	Tradução
SAIDUL RAHMAN MAHOMED	PROQUAL Consultoria
editor@qualitymark.com.br	e Assessoria Empresarial
Capa e Montagem	Revisão Técnica
GLÁUCIO E ANDRÉA	NILCEA FERES MONTE ALTO
	ODAIR QUINTELA

CIP- Brasil. Catalogação-na-fonte
Sindicato Nacional dos Editores de Livros, RJ

Brassad, Michael
Qualidade ferramentas para uma melhoria contínua - Rio de Janeiro: Qualitymark Editora.
88p.
ISBN 978-85-7303-837-8

2015
IMPRESSO NO BRASIL

Qualitymark Editora Ltda.

Rua Teixeira Júnior, 441-São Cristovão   www.qualitymark.com.br
20921-400- Rio de Janeiro- RJ   E-mail: quality@qualitymark.com.br
Tel.: (21) 3295-9800   Fax: (21) 3295-9824

AGRADECIMENTOS

Qualidade – Ferramentas para uma Melhoria Contínua – The Memory Jogger™ foi compilado e editado por Michael Brassard da GOAL/QPC. Nossos agradecimentos especiais são para Diane Ritter da GOAL/QPC pela sua contribuição com informações e pareceres, bem como aos seguintes membros da Comissão de Recursos Estatísticos:

- Ray Caspary – Telesis Systems
- Bryce Colburn – AT&T Technologies, Merrimack Valley
- Gene Fetterrol – Associated Industries of Mass
- Phil Kendall – Gillette Company
- Ray Lammi – Lammi Associates
- Lawrence Le Febre – GOAL/QPC
- Frank McKernan – Alcoswitch Division of Augat
- Hal Nelson – Alpha Industries

A GOAL/QPC também agradece as contribuições de The Kendall Co., Boston, Mass., Gould P. C. Division, Andover, Mass., Ford Motor Company, Dearborn, Michigan, Masland, Carlisle, PA, Monsanto Chemical Co., St. Louis, MO, e Worcester Memorial Hospital, Worcester, Mass.

Este livrete foi elaborado para ajudá-lo a MELHORAR DIARIAMENTE OS PROCEDIMENTOS, OS SISTEMAS, A QUALIDADE, OS CUSTOS E AS ATIVIDADES RELACIONADAS COM O SEU TRABALHO. Este processo contínuo de melhoria é baseado na REVOLUÇÃO PELA QUALIDADE.

Nas empresas que estão envolvidas nesta revolução, o processo contínuo de melhoria tem dois componentes:

1. Filosofia
2. Técnicas Gráficas de Solução de Problemas – TGSP

1. FILOSOFIA

Existem pontos comuns na filosofia utilizada nessas empresas, que são as seguintes:

- A melhoria da qualidade, pela remoção das causas de problemas nos sistemas, leva *inevitavelmente* a aumentar a produtividade.
- As pessoas que executam as tarefas têm mais conhecimento sobre as mesmas.
- As pessoas querem se envolver e executar bem suas tarefas.
- Todas as pessoas querem ser valorizadas.
- Para melhorar um sistema, podem ser alcançados resultados melhores trabalhando-se em conjunto do que fazendo esforços isolados.
- Um processo estruturado para a solução de problemas, usando técnicas gráficas, produz melhores soluções que um processo desordenado.
- As Técnicas Gráficas de Solução de Problemas – TGSP levam você a saber onde está, onde estão as variações, qual a importância relativa do problema a ser resolvido e se as mudanças efetuadas têm tido o impacto desejado.

- A relação antagônica entre operários e gerentes é contraproducente e está superada.
- Toda organização tem desconhecidas "pedras preciosas" esperando serem lapidadas.

2. TÉCNICAS GRÁFICAS DE SOLUÇÃO DE PROBLEMAS

Daqui em diante, este livrete apresentará descrições práticas, instruções e exemplos das seguintes técnicas gráficas:

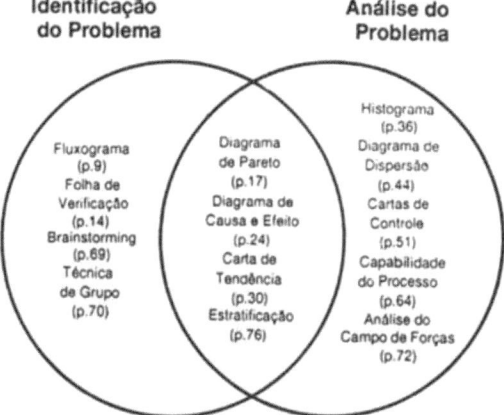

Observe que estas ferramentas podem ser utilizadas para diferentes propósitos, em vários estágios do processo de solução de problemas. Por exemplo, as ferramentas indicadas na parte comum do DIAGRAMA DE VENN podem ser usadas tanto na identificação do problema quanto na fase de análise do problema.

GUIA PARA SELEÇÃO

Tarefa

1. Para priorizar os problemas

2. Para permitir a descrição do problema em termos de sua especificidade, onde e quando ocorre, e sua extensão.

3. Para estabelecer um quadro completo de todas as possíveis causas do problema.

4. Para confirmar a causa básica do problema.

5. Para desenvolver uma solução efetiva e aplicável, e estabelecer um plano de ação.

6. Para implementar a solução e estabelecer o necessário procedimento de retroalimentação e respectivos gráficos.

DA TÉCNICA ADEQUADA

Técnicas

- Fluxograma (p.9)
- Folha de Verificação (p. 14)
- Diagrama de Pareto (p. 17)

- Folha de Verificação (p.14)
- Diagrama de Pareto (p.17)
- Carta de Tendência (p. 30)

- Folha de Verificação (p.14)
- Diagrama de Causa e Efeito (p. 24)
- Brainstorming (p. 60)

- Folha de Verificação (p.14)
- Diagrama de Pareto (p.17)
- Diagrama de Dispersão (p. 44)

- Brainstorming (p. 60)
- Análise do Campo de Forças (p. 72)
- Apresentação à Gerência (p. 74)

- Diagrama de Pareto (p. 17)

- Histograma (p. 36)
- Carta de Controle (p. 51)

- Brainstorming (p. 60)

- Técnica Nominal de Grupo (NGT, p. 70)

- Histograma (p. 36)
- Gráfico de Setor (p. 75)
- Estratificação (p. 76)

- Brainstorming (p. 60)

- Técnica Nominal de Grupo (NGT, p. 70)

- Gráfico de Setor (p. 75)
- Gráfico de Barras (adicional) (p. 77)

- Capabilidade do Processo (p. 64)
- Estratificação (p. 76)

COMO USAR O MEMORY JOGGER™

O *Memory Jogger* foi projetado para ser um conveniente e rápido guia de referência para as suas necessidades. Para tanto, está organizado por meio de símbolos diferenciados para melhor identificação e fácil memorização. Apresentamos abaixo estes símbolos, sua explicação e uso.

Preparando

A fase mais importante em um processo de solução de problemas é a seleção correta da ferramenta ideal para a situação. Cada seção, com uma nova ferramenta, começa com uma moldura descrevendo quando esta deve ser usada. Verifique sempre este quadro para assegurar-se de que a ferramenta atenderá às suas necessidades.

Utilizando

Use esta parte da seção como guia para operacionalização. Esta é a fase da ação que apresenta, passo a passo, instruções e fórmulas de auxílio. Procure esta parte da seção quando você tiver dúvidas sobre "como fazer".

Completando

Esta parte da seção mostra a ferramenta em sua forma final. São apresentados exemplos para *indústrias, administração/serviços* e *para fatos do cotidiano*, a fim de evidenciar a diversidade de aplicações de cada ferramenta. Use esta parte quando quiser visualizar a forma característica final da técnica descrita.

Cuidado

Esta parte, circundada por uma moldura ao final da seção, descreve a utilização e interpretação típica para cada técnica. Não deixe de consultar esta parte, para evitar cometer algum dos erros mais comuns quando da utilização e análise das ferramentas.

Fluxograma: Quando você precisar identificar o fluxo atual ou o fluxo ideal de acompanhamento de qualquer produto ou serviço, no sentido de identificar desvios.

FLUXOGRAMA

O fluxograma é uma representação gráfica mostrando todos os passos de um processo. O fluxograma apresenta uma excelente visão do processo e pode ser uma ferramenta útil para verificar como os vários passos do processo estão relacionados entre si. O fluxograma utiliza símbolos reconhecidos facilmente para representar cada etapa do processo.

Pelo estudo desses gráficos voce pode descobrir eventuais lapsos, que são uma potencial fonte de problemas. O fluxograma pode ser aplicado a qualquer caso, como o percurso de uma fatura, um fluxo de materiais, as fases da operação de venda ou fornecimento de um produto.

O fluxograma é mais amplamente utilizado na identificação de problemas no processo conhecido como IMAGINEERING. As pessoas com o *maior volume* de conhecimentos sobre o processo se reúnem para:

1. Desenhar o fluxograma atual do processo.

2. Desenhar o fluxograma das etapas que o processo *deveria* seguir se tudo corresse bem.

3. Comparar os dois gráficos para verificar onde diferem entre si, pois aí estará a raiz do problema.

Fluxograma - Exemplo para Indústria
Fluxo da Placa Impressa

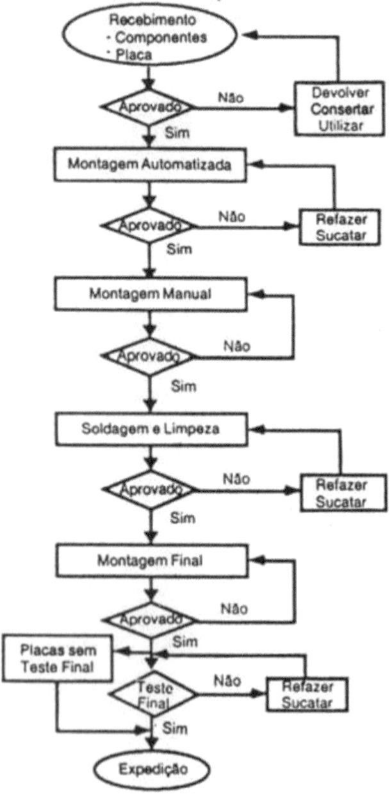

Fluxograma - Exemplo para Administração/Serviços
Departamento de Emergência/Radiologia

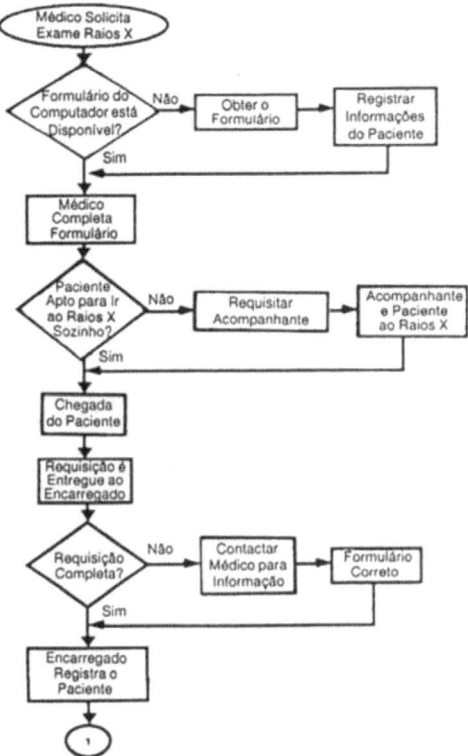

Fluxograma - Exemplo do Cotidiano
Ligando a TV

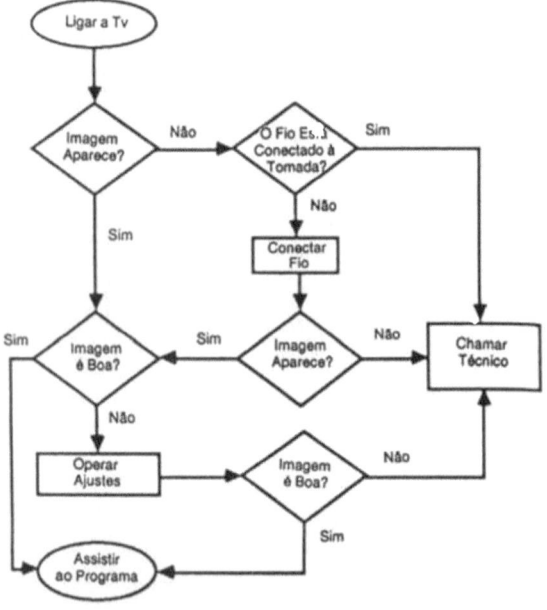

**UTILIZAÇÃO/INTERPRETAÇÃO TÍPICA
FLUXOGRAMA**

- Define claramente os limites do processo.
- Utiliza símbolos simples.
- Assegura solução para todas as alternativas.
- Usualmente uma única seta sai do retângulo "processo". De outra forma, pode ser necessário o losango "decisão".

Folha de Verificação: Quando você necessitar colher dados baseados em observações amostrais com o objetivo de definir um modelo. Este é o ponto lógico de início na maioria dos ciclos de solução de problemas.

FOLHA DE VERIFICAÇÃO

As folhas de verificação são uma ferramenta de fácil compreensão, usadas para responder à pergunta: "Com que frequencia certos eventos acontecem?" Ela inicia o processo transformando "opiniões" em "fatos". A construção da folha de verificação envolve as seguintes etapas:

1. Estabelecer exatamente qual evento está sendo estudado. Todos têm que estar observando a mesma coisa.
2. Definir sobre o período durante o qual os dados serão coletados.
3. Construir um formulário claro e de fácil manuseio, certificando-se de que todas as colunas estão claramente tituladas e de que há espaço suficiente para registro de dados.
4. Coletar os dados consistente e honestamente. Certifique-se de haver tempo para a tarefa de coleta de dados.

PROBLEMA	MÊS			
	1	2	3	TOTAL
A	II	II	I	5
B	I	I	I	3
C	IIII	II	IIII	12
TOTAL	8	5	7	20

Folha de Verificação - Exemplo para Indústria
Defeitos em Rolamentos

Defeitos	Maio				Total
Erros de:	6	7	8	9	
Dimensão	⊬⊬⊬ I	⊬⊬⊬	⊬⊬⊬ III	⊬⊬⊬ II	26
Forma	I	III	III	II	9
Profundidade	⊬⊬⊬	I	I	I	8
Peso	⊬⊬⊬ ⊬⊬⊬ ⊬⊬⊬	⊬⊬⊬ ⊬⊬⊬ ⊬⊬⊬	⊬⊬⊬ ⊬⊬⊬ II	⊬⊬⊬ ⊬⊬⊬ I	52
Acabamento	II	III	I	I	7
Total	24	19	22	22	102

Folha de Verificação - Exemplo para Administração/Serviços
Erros de Datilografia no Departamento A

Erros	Março			Total
	1	2	3	
Tabulação	II	III	III	8
Palavras Erradas	⊬⊬⊬ II	⊬⊬⊬ ⊬⊬⊬ I	⊬⊬⊬	23
Pontuação	⊬⊬⊬ ⊬⊬⊬ ⊬⊬⊬	⊬⊬⊬ ⊬⊬⊬	⊬⊬⊬ ⊬⊬⊬ ⊬⊬⊬	40
Omissão de Palavras	II	I	I	4
Números Errados	III	IIII	III	10
Numeração de Páginas	I	I	II	4
Tabelas Erradas	IIII	⊬⊬⊬	IIII	13
Total	34	35	33	102

Folha de Verificação - Exemplo do Cotidiano
Motivos para Desentendimento

Motivo	Dia					Total
	Segunda	Terça	Quarta	Quinta	Sexta	
Dinheiro	|||| ||			||||	|||| ||	20
Sexo	||	||	||	||	||	10
Crianças	||||	||	|||| ||			||||	19
Total	12	6	10	8	13	49

UTILIZAÇÃO/INTERPRETAÇÃO TÍPICA
FOLHA DE VERIFICAÇÃO

- Certifique-se de que as observações/amostras são as mais aleatórias possíveis.
- Certifique-se de que o processo de amostragem é eficiente e de que o pessoal envolvido dispõe de tempo suficiente para executá-lo.
- O universo sob observação deve ser homogêneo. Se não, deve ser inicialmente estratificado (grupado) e cada grupo observado individualmente.

Diagrama de Pareto: Quando for preciso ressaltar a importância relativa entre vários problemas ou condições, no sentido de: escolher ponto de partida para a solução de um problema, avaliar um progresso ou identificar a causa básica de um problema.

DIAGRAMA DE PARETO

O diagrama de Pareto é uma forma especial do gráfico de barras verticais que nos permite determinar quais problemas resolver e qual a prioridade. O diagrama de Pareto, elaborado com base em uma foha de verificação ou em uma outra fonte de coleta de dados, nos ajuda a dirigir nossa atenção e esforços para problemas verdadeiramente importantes. Em geral, teremos então melhores resultados se atuarmos na barra mais alta do gráfico do que nos embaraçando na barras menores.

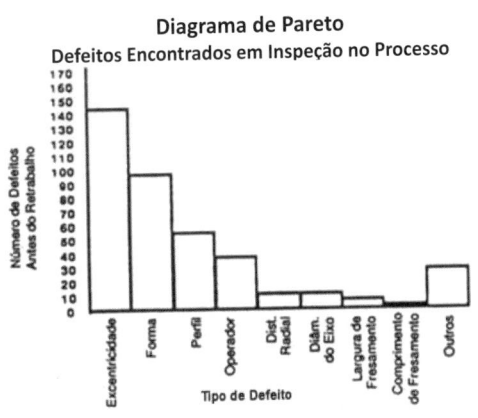

ETAPAS PARA CONSTRUÇÃO DO DIAGRAMA DE PARETO

1. Selecione os problemas a serem comparados e estabeleça uma ordem através de:

    a) *Brainstorming* – ex.: "Qual é nosso maior problema de qualidade no departamento A?"

    b) Utilização dos dados existentes – ex.: "Vamos verificar os registros da qualidade do departamento A ao longo do último mês para identificar áreas de problemas relevantes."

2. Selecione um padrão de comparação como unidade de medida.
    Ex.: custo anual, frequência de ocorrência etc.

3. Selecione um período de tempo para ser analisado.
    Ex.: 8 horas, 8 dias, 8 semanas etc.

4. Reúna os dados necessários dentro de cada categoria.
    Ex.: "Defeito B custou X nos últimos 6 meses" etc.

5. Compare a frequência ou o custo de cada categoria com relação a todas as outras categorias. Ex.: "Defeito A ocorreu 75 vezes; defeito B ocorreu 107 vezes; defeito C ocorreu 35 vezes" etc. ou "defeito A custa $ 750,00 anualmente; defeito B custa $ 535,00 anualmente" etc.

6. Liste as categorias da esquerda para a direita no eixo horizontal em ordem decrescente de frequência ou custo. Os itens de menor importância podem ser combinados na categoria "outros" que é colocada no extremo direito do eixo, como última barra.

7. Acima de cada classificação ou categoria desenhe um retângulo cuja altura represente a frequência ou custo naquela classificação.*

*Características adicionais do diagrama de Pareto:

- Geralmente os dados são registrados no lado esquerdo do eixo vertical e em percentuais no lado direito do eixo vertical. Certifique-se de que os dois eixos estejam em escala, isto é, 100% corresponde à frequência ou custo total; 50% corresponde ao ponto médio dosdados.
- A partirdo topo da maior barra e da esquerda para a direita, ascendendo, uma linha pode ser adicionada representando a frequência acumulada das categorias. Isto responderá a questões tais como: "Quanto do total foi apurado nas três primeiras categorias?"

DIFERENTES USOS DO DIAGRAMA DE PARETO

Para identificar os problemas através do uso de diferentes escalas de medida. Ex.: frequência, custo etc.
Atenção: Os problemas mais frequentes não são os de maiores custos.

Reclamações de Clientes em Serviços Externos:

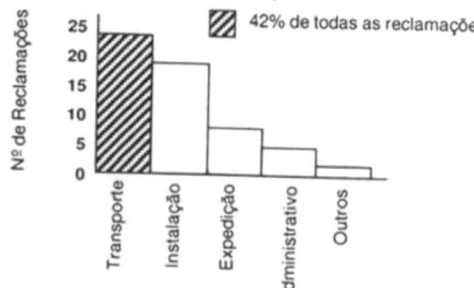

Custo para Atender a Reclamações nos Serviços Externos:

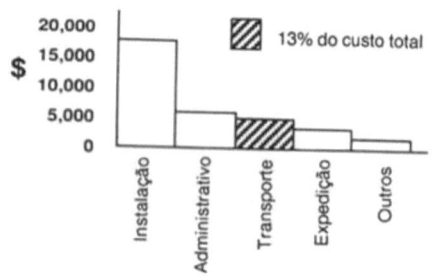

2. Para analisar diferentes grupos de dados.

   Ex.: Por produto, por máquina, por setor.
   Atenção: Se não aparecerem diferenças claras, reagrupe os dados. Use sua imaginação.

Diagrama de Pareto do Número de Defeitos

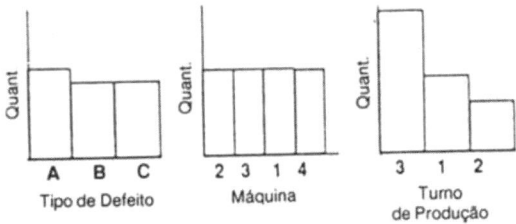

3. Para medir o impacto de mudanças efetuadas no processo.

   Ex.: comparações antes e depois.

   Atenção: Você não saberá como está se você não souber como estava antes da mudança.

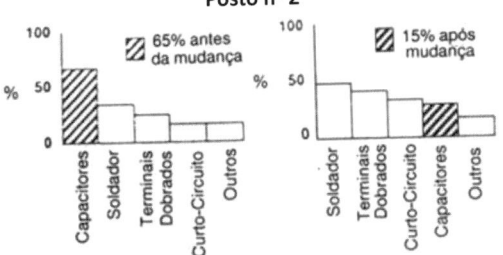

4. Para detalhar as maiores causas em partes mais específicas.
   Atenção: Elimine a causa, não o sintoma.

Tipos de Acidente

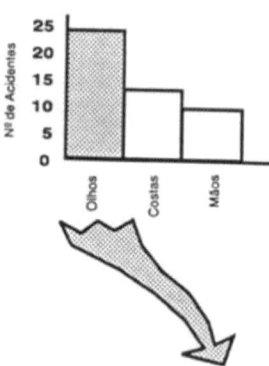

Causas de Acidentes nos Olhos

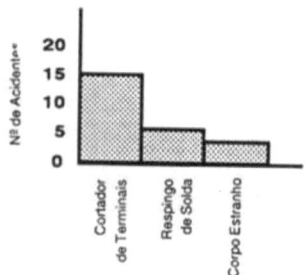

UTILIZAÇÃO/INTERPRETAÇÃO TÍPICA DIAGRAMA DE PARETO

- Use o bom senso – eventos mais frequentes ou de maior custo não são sempre os mais importantes. Ex.: dois acidentes fatais requerem mais atenção que 100 cortes nos dedo.
- Marque o gráfico com clareza, mostrando a unidade de medida ($, % ou quantidade).

> **Diagrama de Causa e Efeito:** Quando você necessitar identificar, explorar e ressaltar todas as causas possíveis de um problema ou condição específicos.

DIAGRAMA DE CAUSA E EFEITO

O diagrama de causa e efeito foi desenvolvido para representar a relação entre o "efeito" e todas as possibilidades de "causa" que podem contribuir para este efeito. O efeito ou problema é colocado no lado direito do gráfico e os grandes contribuidores ou "causas" são listados à esquerda. Comece tentando isolar o problema que está sob sua alçada ou área

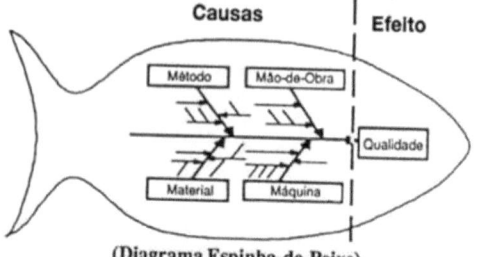

(Diagrama Espinha-de-Peixe)

O diagrama de causa e efeito é desenhado para ilustrar claramente as várias causas que afetam um processo por classificação e relação das causas. Para cada efeito existem, seguramente, inúmeras categorias de causas. As causas principais podem ser agrupadas sob quatro categorias conhecidas como os 4M: método, mão de obra, material e máquina. Nas áreas administrativas talvez seja mais apropriado usar os 4P: políticas, procedimentos, pessoal e planta (*layout*). Lembre-se de que estas quatro categorias são apenas sugestões. Você pode usar qualquer classificação de categorias principais que ressalte ou auxilie as pessoas a pensar criativamente.

Um diagrama de causa e efeito bem detalhado tomará a forma de uma espinha de peixe e daí o nome alternativo de espinha de peixe. A partir de uma bem definida lista de possíveis causas, as mais prováveis são identificadas e selecionadas para uma melhor análise. Quando examinar cada causa, observe fatos que mudaram, como, por exemplo, desvios da norma ou dos padrões. Lembre-se de eliminar a causa e não o sintoma do problema. Investigue a causa e seus contribuidores tão a fundo quanto possível.

ETAPAS NA CONSTRUÇÃO DO DIAGRAMA DE CAUSA E EFEITO

1. Comece o processo estabelecendo de comum acordo uma definição que descreva o problema selecionado em termos claros do que seja, onde ocorre, quando ocorre e sua extensão.
2. A pesquisa das causas para construção do diagrama de causa e efeito é feita por um dos seguintes métodos:
    a) Um *brainstorming* conduzido sobre as possíveis causas, sem preparação prévia.
    b) Incentive os membros do grupo a dispender algum tempo, entre as reuniões, no uso da folha de verificação para detectar causas e examinar as etapas do processo mais de perto.
3. Construa o diagrama de causa e efeito atual:
    a) Colocando o problema já definido no quadro à direita.
    b) Desenhando as tradicionais categorias de causas (método, material, mão de obra e máquina), para o processo produtivo e/ou qualquer outra causa que auxilie a organização dos fatos mais importantes.
    c) Aplicando o resultado do brainstorming para as apropriadas categorias principais.
    d) Para cada causa questione: "Por que isto acontece?", relacionando as respostas como contribuidores da causa principal.
4. Interpretação.
    No sentido de pesquisar as causas básicas do problema.
    a) Observe as causas que aparecem repetidamente.
    b) Obtenha o consenso do grupo.
    c) Colete os dados para determinar a freqüência relativa das diferentes causas.

Diagrama de Causa e Efeito – Exemplo para a Indústria

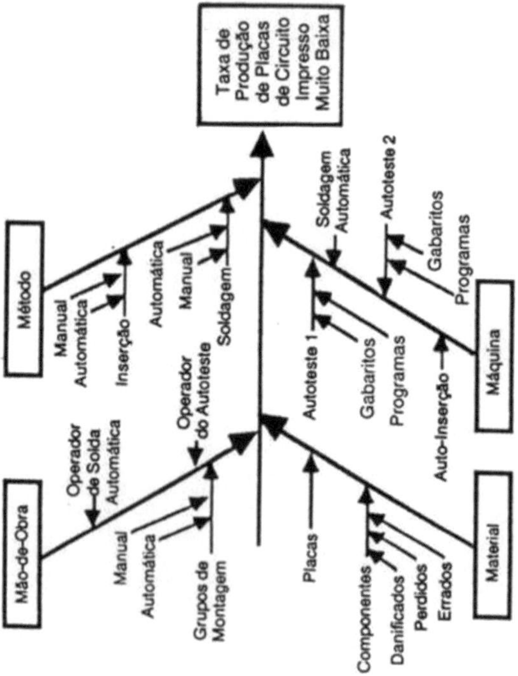

Diagrama de Causa e Efeito –
Exemplo para Administração/Serviços

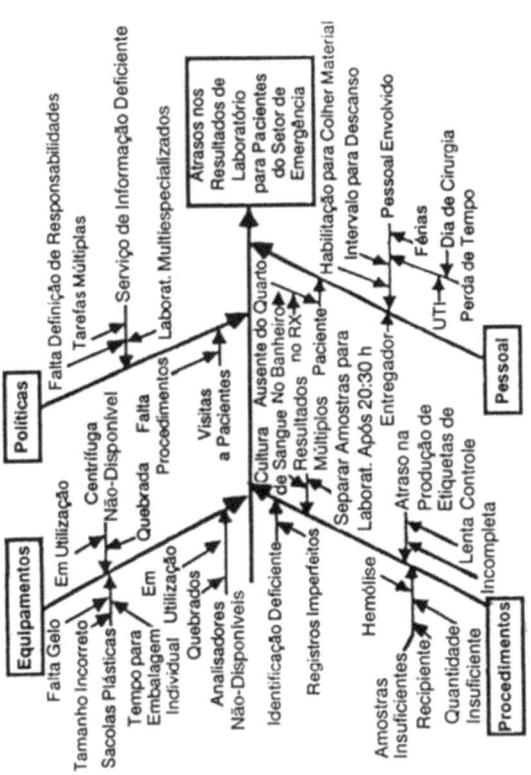

Diagrama de Causa e Efeito – Exemplo do Cotidiano

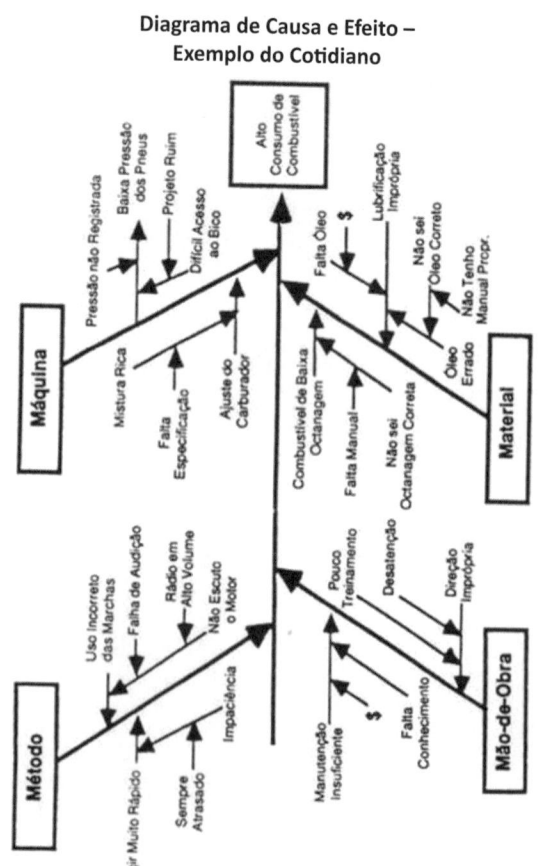

**UTILIZAÇÃO/INTERPRETAÇÃO TÍPICA
DIAGRAMA DE CAUSA E EFEITO**

- Procure não sair da área de responsabilidade do grupo a fim de minimizar frustrações.
- Se as idéias surgem muito lentamente, use as categorias principais das causas como catalisadores. Ex.: "O que em *material* é causador...?"
- Utilize o mínimo de palavras possível.
- Certifique-se da concordância geral quanto à definição do problema.
- O tipo mais amplamente utilizado do diagrama de causa e efeito é a **Análise de Dispersão**, que é mostrado no Memory Jogger™. Ela é construída colocando-se causas individuais sob cada categoria de causa principal fazendo as seguintes perguntas para cada item. "Por que esta causa (dispersão) ocorre?" Outros tipos comuns do diagrama de causa e efeito são os seguintes:

a. Diagrama de causa e efeito para classificação do processo relaciona sequencialmente todas as fases do processo. A mesma categoria de causa aponta, como na análise de dispersão, uma linha de derivação entre cada fase do processo. As mesmas perguntas são então aplicadas para cada categoria de causa, como no diagrama de análise de dispersão.

b. Diagrama de causa e efeito para enumeração de causas é quase idêntico à análise de dispersão. A única diferença reside no fato de que o de enumeração de causas organiza primeiro uma relação de todas as causas possíveis e, só então, as classifica nas categorias de causas principais.

Carta de Tendência: Quando você necessitar executar da forma mais simples possível um indicador de tendências com relação a pontos observados durante um período de tempo específico.

CARTA DE TENDÊNCIA

Cartas de tendência são empregadas para representar dados visualmente. São utilizadas para monitorar um sistema, a fim de se observar ao longo do tempo a existência de alterações na média esperada.

São ferramentas simples de construir e utilizar. Os pontos são marcados no gráfico à medida que estejam disponíveis. É comum a sua utilização em ocorrências tais como: paradas de máquina, produção, refugo, erros de tipografia ou produtividade, uma vez que variam com o tempo.

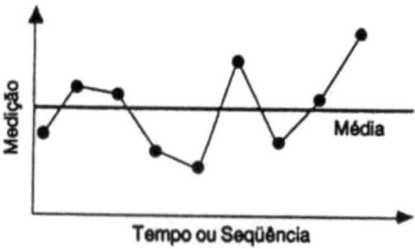

O perigo ao utilizar a carta de tendência é encarar todas as variações dos dados como sendo importantes. A carta de tendência, como qualquer outro gráfico, deve *ser usada para chamar a atenção para mudanças realmente vitais no sistema*.

Um dos mais valiosos usos da carta de tendência é para identificar tendências significativas ou alterações na média. Por exemplo, quando monitoramos qualquer processo, é esperado que encontremos certa quantidade de pontos acima e abaixo da média. Porém, quando nove pontos aparecem em apenas um lado da média, isto indica um evento estatístico não usual e que houve variação na média. Estas mudanças devem ser sempre investigadas. Se a causa da variação é favorável, deve ser incorporada ao processo. Se não, deve ser eliminada.

Um tipo alternativo de modelo que pode ocorrer é uma série de seis ou mais pontos sucessivos ascendentes ou descendentes. Não se espera que tais modelos ocorram devido a variações aleatórias, e sim a uma mudança importante, sendo, então, necessária sua investigação.

Carta de Tendência – Exemplo para Indústria

% de Aceitação no Primeiro Teste de Placas de Circuito Impresso

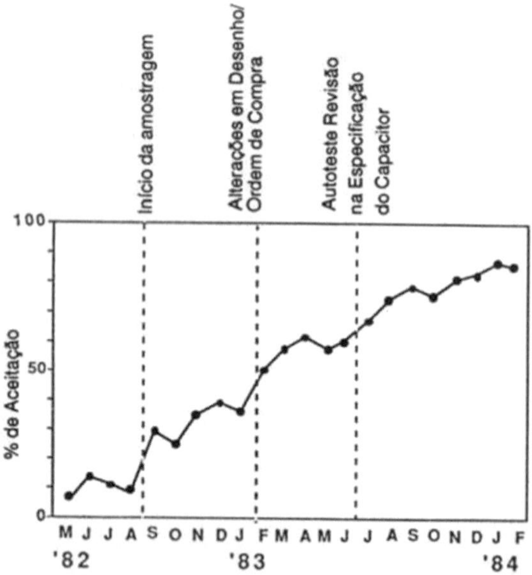

Início da amostragem
Alterações em Desenho/ Ordem de Compra
Autoteste Revisão na Especificação do Capacitor
100
50
0
% de Aceitação
M J J A S O N D J F M A M J J A S O N D J F
'82
'83
'84

Carta de Tendência –
Exemplo para Administração/Serviços
Admissão à Sala de Emergência

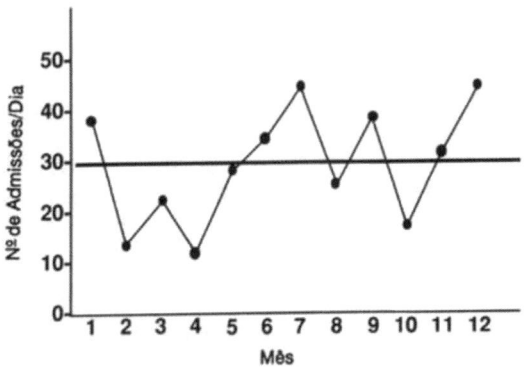

Carta de Tendência – Exemplo do Cotidiano
Gastos Familiares/Mês

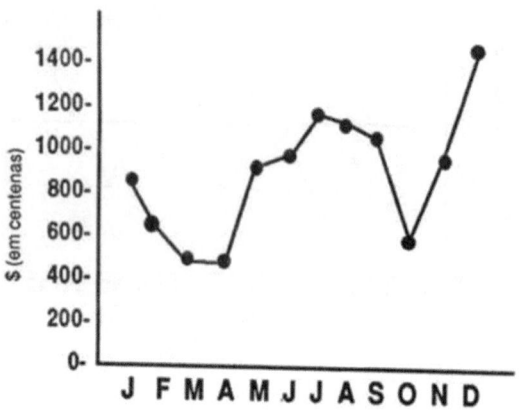

UTILIZAÇÃO/INTERPRETAÇÃO TÍPICA
CARTA DE TENDÊNCIA

- O eixo y é vertical no gráfico.
- O eixo x é horizontal no gráfico.
- Um ponto marcado indica a medição, a quantidade observada ou amostragem em cada período de tempo.
- Os pontos devem ser unidos para facilitar sua análise e interpretação.
- O período de tempo estabelecido e a unidade de medida precisam ser claramente indicados.
- A coleta de dados deve estar numa determinada ordem. Uma vez que traçamos uma característica ao longo do tempo, a sequência dos pontos é fundamental.

> **Histograma:** Quando você necessitar encontrar e mostrar uma distribuição de dados por gráfico de barras com certo número de unidades por categoria.

HISTOGRAMA

Como já vimos no *diagrama de Pareto*, é de grande auxílio visualizar na forma de um gráfico de barras a frequência com que certos eventos ocorrem (distribuição de frequência). O *diagrama de Pareto*, por seu turno, trata apenas de características de um produto ou serviço, isto é, o tipo de defeito, o problema, riscos etc. (atributos). Um histograma envolve a medição de dados, por exemplo: temperatura, dimensões etc. e mostra sua distribuição. Isto é crítico, pois sabemos que todos os eventos repetitivos produzirão resultados que variam com o tempo. Um histograma revela quanto de variação existe em qualquer processo. Um histograma típico tem a seguinte forma:

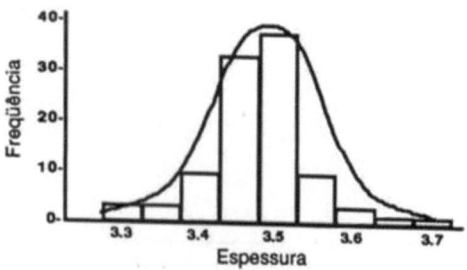

Observe a curva superposta ao tradicional gráfico de barras. A curva mostrada aqui é a "normal", na qual a maioria das medidas concentra-se em torno da medida central e, a grosso modo, um igual número de medidas situa-se de cada lado deste ponto. Várias amostras aleatórias de dados sob controle estatístico seguem este modelo, conhecido como "curva do sino". Outras formas ocorrem, com um "acúmulo" de dados em pontos afastados da medida central. Tais distribuições são chamadas "inclinadas". É importante relembrar que você poderá estar tratando de distribuições aparentemente "normais" mas que, na realidade, não o são. Isto também é válido para as distribuições inclinadas. Além da forma de distribuição, você deverá observar:

a) Se a curva está atendendo à especificação. Se não, quanto da curva está fora? (Variabilidade.)

b) Se a curva está centrada. A maioria dos itens está acumulada à direita ou à esquerda? (Inclinação.)

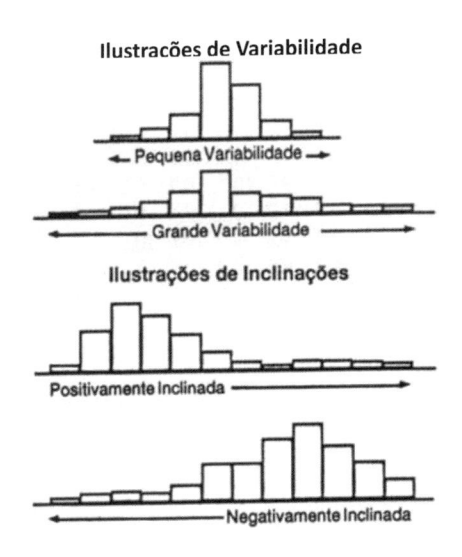

Ilustrações de Variabilidade

← Pequena Variabilidade →

← Grande Variabilidade →

Ilustrações de Inclinações

Positivamente Inclinada →

← Negativamente Inclinada

ETAPAS NA CONSTRUÇÃO DO HISTOGRAMA

Haverá maior detalhamento nas instruções para construção do histograma do que em outras ferramentas. Isto é necessário pelas interpretações que surgem ao se decidir sobre o número de classes (barras), os limites de classes etc.

Comece com uma tabulação desordenada dos números conforme abaixo:

```
9,9   9,3  10,2   9,4  10,1   9,6   9,9  10,1   9,8
9,8   9,8  10,1   9,9   9,7   9,8   9,9  10,0   9,6
9,7   9,4   9,6  10,0   9,8   9,9  10,1  10,4  10,0
10,2 10,1   9,8  10,1  10,3  10,0  10,2   9,8  10,7
9,9  10,7   9,3  10,3   9,9   9,8  10,3   9,5   9,9
9,3  10,2   9,2   9,9   9,7   9,9   9,8   9,5   9,4
9,0   9,5   9,7   9,7   9,8   9,8   9,3   9,6   9,7
10,0  9,7   9,4   9,8   9,4   9,6  10,0  10,3   9,8
9,5   9,7  10,6   9,5  10,1  10,0   9,8  10,1   9,6
9,6   9,4  10,1   9,5  10,1  10,2   9,8   9,5   9,3
10,3  9,6   9,7   9,7  10,1   9,8   9,7  10,0  10,0
9,5   9,5   9,8   9,9   9,2  10,0  10,0   9,7   9,7
9,9  10,4   9,3   9,6  10,2   9,7   9,7   9,7  10,7
9,9  10,2   9,8   9,3   9,6   9,5   9,6  10,7
```

Estes números referem-se à espessura de um certo componente em um processo.

ETAPA 1: Conte a quantidade de valores coletados na tabulação. Para o nosso exemplo acima existem 125 valores (n = 125).

ETAPA 2: *Determine a amplitude R de toda a tabulação.* A amplitude é o menor valor subtraído do maior valor da tabulação. Em nosso caso, a amplitude é igual a 10,7 menos 9,0. Então a amplitude é igual a 1,7.

ETAPA 3: *Divida o valor de amplitude em um certo* número de classes, a que atribuiremos a letra K. A tabela abaixo fornece uma indicação aproximada para uma determinação razoável do número de classes. Para o nosso exemplo, 125 valores podem ser divididos em 7 a 12 classes. Nós usaremos K=10 classes.

Números de Valores da Tabulação	Número de Classes (K)
Abaixo de 50	5 – 7
50 – 100	6 – 10
100 – 250	7 – 12
Acima de 250	10 – 20

ETAPA 4: *Determine o intervalo de classe, H.* Uma fórmula conveniente é a seguinte.

$$H = \frac{R}{K} = \frac{1,7}{10} = 0,17$$

Neste caso, como na maioria deles, é conveniente arredondar H, levando o número para uma casa decimal acima. Para o nosso propósito, 0,20 nos parece apropriado.

ETAPA 5: *Determine o limite da classe ou os pontos limites.* Para simplificar a determinação do limite de classe, tome a menor medida individual da tabulação. Utilize este número ou arredonde-o para um valor apropriadamente menor. Este será o valor inferior para a nossa primeira classe. Em nosso exemplo ele seria 9,0. Agora adicione a este número o valor do intervalo de classe, 9,00+0,20=9,20. Então o limite inferior da próxima classe iniciará em 9,20. A primeira classe compreenderá 9,0 e acima, **mas não incluirá** 9,20, e sim 9,00 até 9,19! A segunda classe se iniciará em 9,20 compreendendo os valores acima mas não incluindo 9,40! Isto faz cada classe mutuamente exclusiva, isto é, coloca cada um dos valores da tabulação em apenas uma, e somente uma, classe. Finalizando, consecutivamente some 0,20 a cada limite de classe inferior até que o número de classes escolhido, aproximadamente 10 que conterá a amplitude total dos valores da tabulação, seja obtido.

ETAPA 6: *Construa uma tabela de frequências baseadas nos valores computacionais acima* (ex.: números de classes, intervalos de classe, limites de classe). A tabela de frequência é um histograma em forma tabular. A tabela de frequência das espessuras medidas é mostrada abaixo:

Classe	Limites de Classe	Ponto Médio	Freqüência	TOTAL
1	9,00 - 9,19	9,1	I	1
2	9,20 - 9,39	9,3	℟ IIII	9
3	9,40 - 9,59	9,5	℟ ℟ ℟ I	16
4	9,60 - 9,79	9,7	℟ ℟ ℟ ℟ ℟ II	27
5	9,80 - 9,99	9,9	℟ ℟ ℟ ℟ ℟ II	31
6	10,00 - 10,19	10,1	℟ ℟ II	22
7	10,20 - 10,39	10,3	IIII	12
8	10,40 - 10,59	10,5		2
9	10,60 - 10,79	10,7		5
10	10,80 - 10,99	10,9		0

ETAPA 7: *Construa o histograma baseado na tabela de freqüências.* Um histograma é a forma gráfica de uma tabela de frequências, o que nos fornece uma rápida visualização da distribuição para uma característica medida. O histograma para o nosso exemplo está mostrado abaixo.

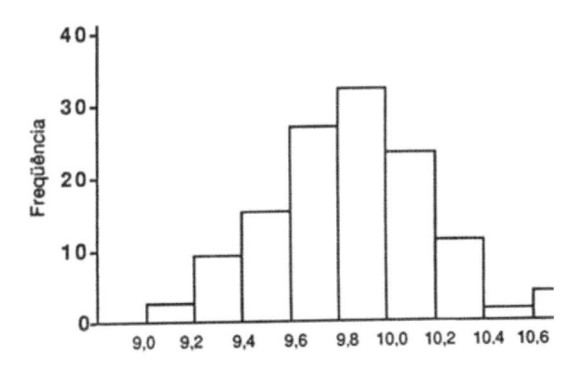

Como foi dito anteriormente, o histograma é uma importante ferramenta para diagnóstico porque permite uma visão geral da variação de um conjunto de dados. Em nosso caso os dados parecem ter uma tendência central em torno de 9,8 a 9,9. Parece também que os dados criaram uma curva bastante normal. A especificação para a característica espessura é de 7,5 a 10,5, com média 9. Então nós podemos ver que nosso histograma indica que o alvo do processo é alto e que 3% podem estar acima do limite superior de especificação.

Histograma – Exemplo para a Indústria
Densidade da Impressão

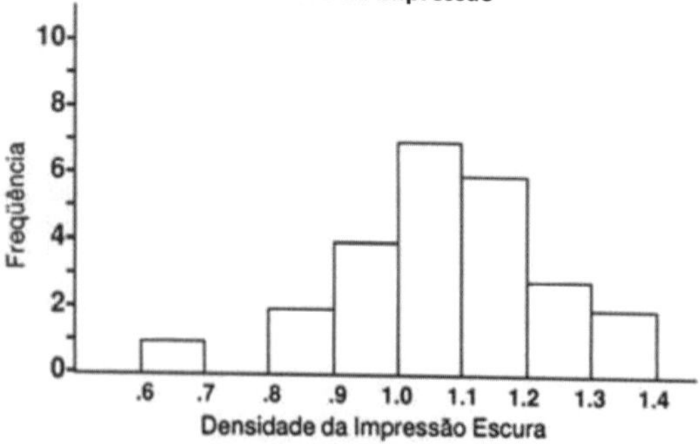

Histograma – Exemplo para Administração/Serviços
Tempo Médio de Atendimento a Chamada de Pacientes (1º Toque)

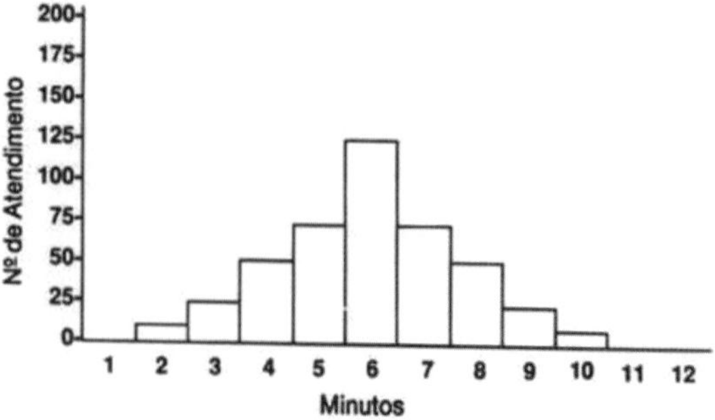

Histograma – Exemplo do Cotidiano
Altura Entre 100 Homens

Histograma — Exemplo do Cotidiano
Altura Entre 100 Homens

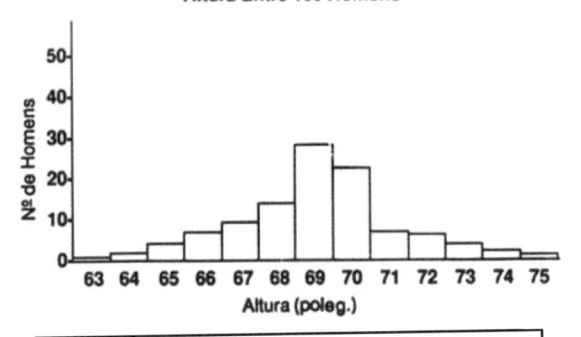

[Histograma com eixo X "Altura (poleg.)" de 63 a 75, e eixo Y "Nº de Homens" de 0 a 50. Barras aproximadas: 63≈1, 64≈2, 65≈4, 66≈7, 67≈10, 68≈14, 69≈29, 70≈23, 71≈7, 72≈7, 73≈4, 74≈2, 75≈1.]

> ⚠️ UTILIZAÇÃO/INTERPRETAÇÃO TÍPICA HISTOGRAMA
>
> - Número de classes (barras no gráfico) determina quanto do modelo será visível.
> - Alguns processos são naturalmente inclinados; não espere que todas as curvas tenham a forma de sino.
> - Desconfie da precisão dos dados se as classes repentinamente pararem em um ponto (como um limite de especificação) sem um decréscimo prévio nos valores.
> - A ocorrência de *picos duplos* indica que os dados provêm de duas ou mais fontes, isto é, diferentes turnos, máquinas etc.

> **Diagrama de Dispersão:** Quando você necessitar visualizar o que acontece com uma variável quando outra variável se altera, para saber se as duas estão relacionadas.

DIAGRAMA DE DISPERSÃO

O diagrama de dispersão é utilizado para estudar a possível relação entre duas variáveis. O diagrama de dispersão é usado para se verificar uma possível relação de *causa e efeito*. Isto não prova que uma variável *afeta* a outra, mas torna claro se uma relação existe e em que intensidade.

O diagrama de dispersão é construído de forma que o eixo horizontal (eixo x) represente os valores medidos de uma variável e o eixo vertical (eixo y) represente as medições da segunda variável. Um diagrama de dispersão típico possui este aspecto:

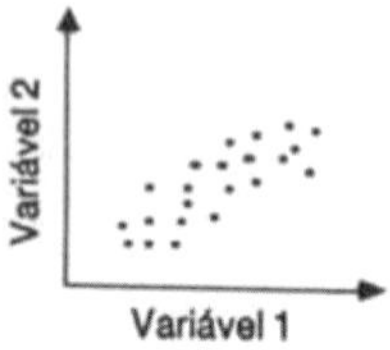

Note como os pontos marcados formam um padrão de grupamento. A direção e a espessura do grupamento indicam a intensidade da relação entre as variáveis 1 e 2. Quanto mais o grupamento tender a uma linha reta, maior será a relação entre as duas variáveis. Isto faz sentido, uma vez que a linha reta indica que, toda vez que uma variável se altera, a outra variável também muda na mesma intensidade.

Colete de 50 a 100 pares de amostras de dados que você imagina poderem estar relacionados e construa uma folha de dados como abaixo:

Pessoas	Peso	Altura
1	160 (libras)	70 (pol.)
2	180 "	61 "
3	220 "	75 "
.	.	.
50	105 "	61 "

2. Desenhe os eixos horizontal e vertical do diagrama. Os valores devem ser colocados em ordem crescente partindo do zero para cima e para a direita de cada eixo. A variável que está sendo investigada como possível "causa" é usualmente colocada no eixo horizontal e a variável "efeito", no eixo verical.
3. Marque os dados no diagrama. Se vhouver valores repetidos, circule-os tantas vezes quanto necessário. O diagrama resultante terá o seguinte aspecto:

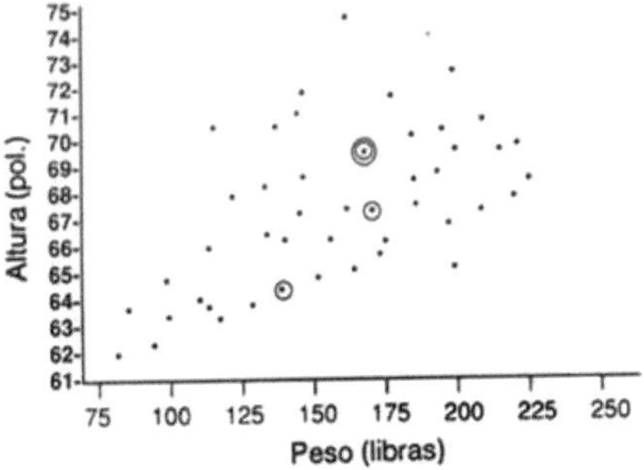

N.T. 1libra = 0,4535 kg   1pol. = 2,54 cm

Abaixo estão as várias formas e significados que o diagrama de dispersão pode ter:

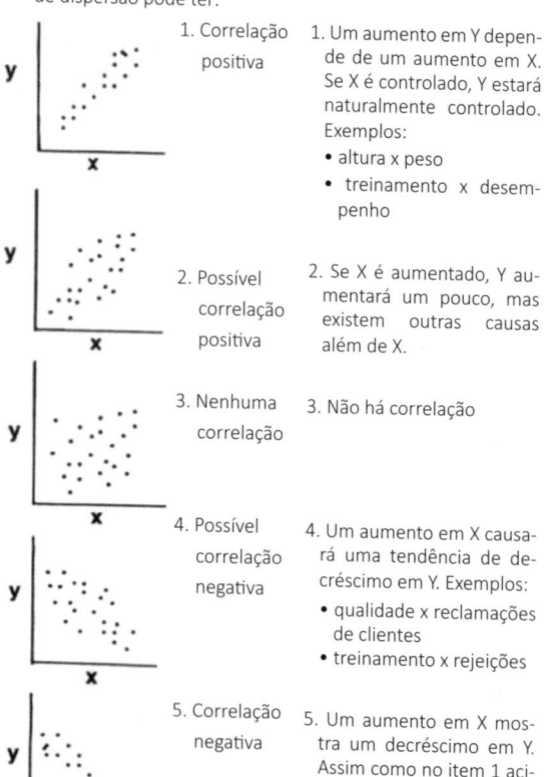

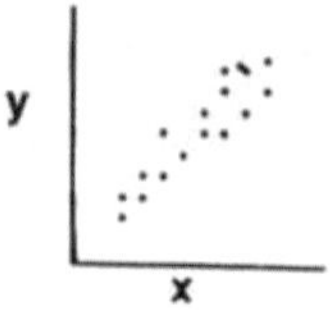

1. **Correlação positiva** — Um aumento em Y depende de um aumento em X. Se X é controlado, Y estará naturalmente controlado. Exemplos:
   - altura x peso
   - treinamento x desempenho

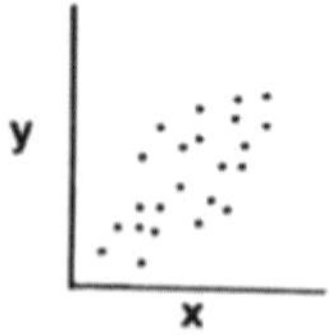

2. **Possível correlação positiva** — Se X é aumentado, Y aumentará um pouco, mas existem outras causas além de X.

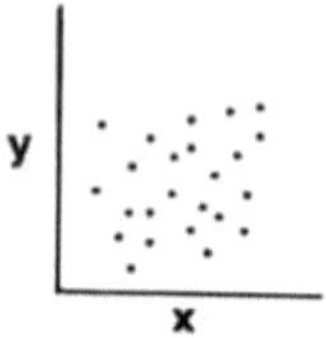

3. **Nenhuma correlação** — Não há correlação

4. **Possível correlação negativa** — Um aumento em X causará uma tendência de decréscimo em Y. Exemplos:
   - qualidade x reclamações de clientes
   - treinamento x rejeições

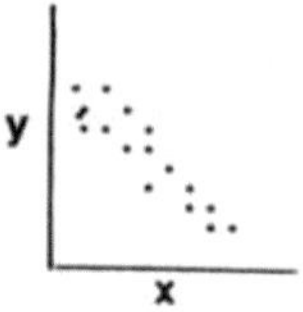

5. **Correlação negativa** — Um aumento em X mostra um decréscimo em Y. Assim como no item 1 acima, X pode ser controlado através de Y.

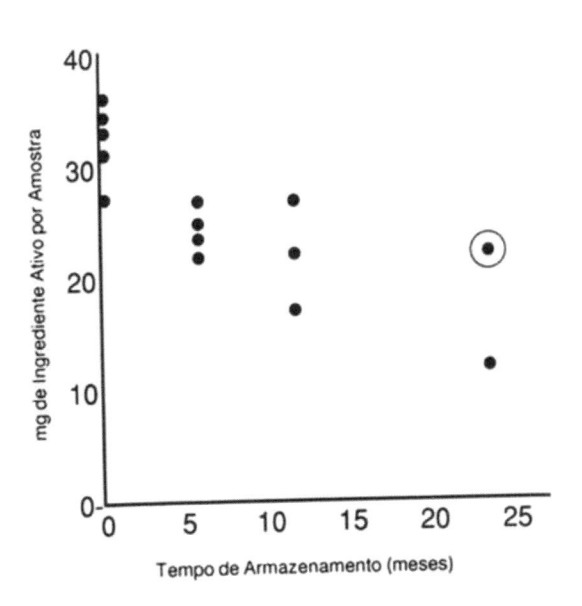

Diagrama de Dispersão –
Exemplo para Indústria
Estabilidade do Ingrediente Ativo

Diagrama de Dispersão – Exemplo para Administração/Serviços
Horas Extras/Número de Erros Apurados

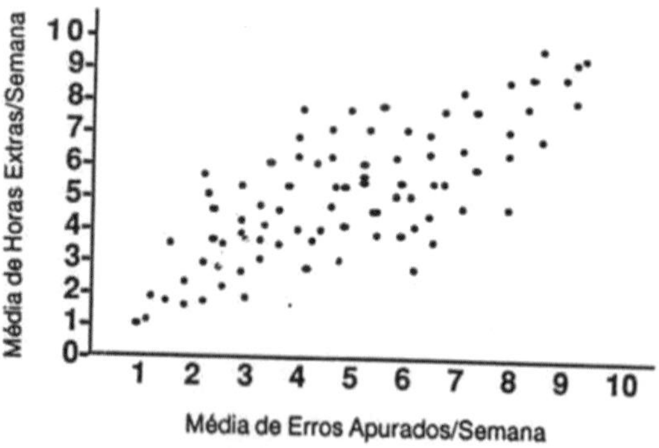

Média de Horas Extras/Semana vs *Média de Erros Apurados/Semana*

**Diagrama de Dispersão –
Exemplo do Cotidiano
Altura/Peso (100 Mulheres)**

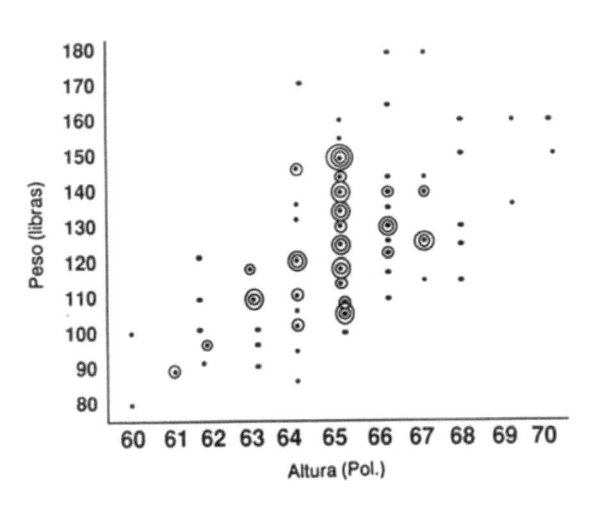

49

> **UTILIZAÇÃO/INTERPRETAÇÃO**
> **TÍPICA DIAGRAMA DE DISPERSÃO**
> - Uma correlação negativa (com Y crescendo e X decrescendo) é tão importante quanto a correlação positiva (com X crescendo e Y decrescendo).
> - Você somente pode afirmar que X e Y têm correlação, mas não que um é causa do outro.
> - Existem testes estatísticos para medir o exato grau de correlação, mas não serão tratados neste livro.

Cartas de Controle: Quando você necessitar verificar quanto de variabilidade do processo é devido a variação aleatória e quanto é devido a causas comuns/ações individuais, a fim de determinar se o processo está sob controle estatístico.

CARTAS DE CONTROLE

A carta de controle é simplesmente um gráfico de acompanhamento com uma linha superior (limite superior de controle) e uma linha inferior (limite inferior de controle) em cada lado da linha média do processo, todos *estatisticamente* determinados.

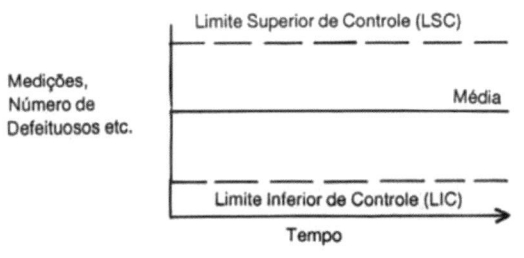

```
                    Limite Superior de Controle (LSC)
                    - - - - - - - - - - - - - - - - -

Medições,
Número de                                      Média
Defeituosos etc.


                    - - - - - - - - - - - - - - - - -
                    Limite Inferior de Controle (LIC)
                              Tempo
```

Estes limites são determinados considerando-se a operação normal do processo (isto é, sem controles especiais), coletando-se amostras e aplicando a média das amostras na fórmula apropriada. Você pode agora plotar as médias das amostras na carta para verificar se os pontos estão fora dos limites de controle ou se formam padrões "não definidos". Se qualquer desses casos ocorrer, o processo é dito "fora de controle".

A flutuação dos pontos, dentro dos limites de controle, resulta da variação intrínseca ao processo. Isto ocorre devido a *causas comuns* dentro do *sistema* (ex.: projeto, equipamento, manutenções preventivas etc.) e somente pode ser alterado por uma mudança no próprio sistema. Eventualmente, pontos caem fora dos limites de controle e refletem *causas especiais* (ex.: erro humano, acidentes etc.), que não são ocorrências originais do processo. Estas causas devem ser eliminadas antes de serem utilizadas as cartas de controle como ferramentas de monitoração. Após isto, o processo estará "sob controle" e podem ser tiradas amostras em intervalos regulares para termos certeza de que o processo não sofre mudanças fundamentais.

LEMBRE-SE: "Controle" não significa necessariamente que o produto ou serviço atenderá às suas expectativas. Significa apenas que o processo é *consistente* (pode ser consistentemente ruim). Por exemplo:

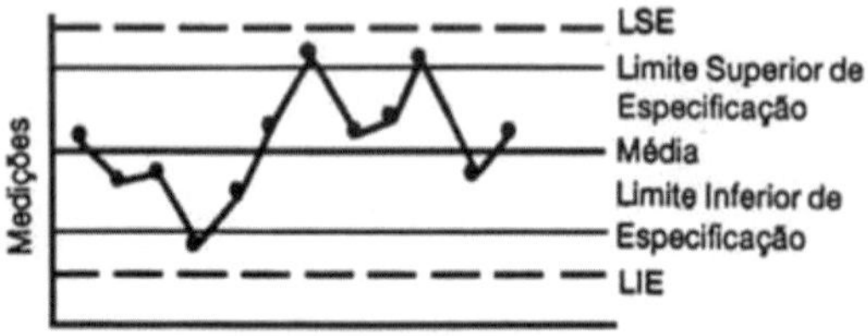

[Gráfico: eixo vertical "Medições", linhas horizontais indicando LSE, Limite Superior de Especificação, Média, Limite Inferior de Especificação, LIE, com curva de medições variando.]

Neste caso, o processo está controlado mas não é capaz de atender às especificações, a não ser que você melhore o processo ou mude as especificações. Lembre-se apenas que especificação é algo que você espera atingir e limite de controle é aquilo que o processo pode fornecer com consistência. Deve ser salientado que as cartas de controle normalmente mostram apenas os limites de controle (não os limites de especificação). O exemplo acima é somente para fins ilustrativos.

ETAPAS DE CONSTRUÇÃO DAS CARTAS DE CONTROLE E FORMULÁRIO

Cartas de Controle por Variáveis:

Quando as amostras são expressas em unidades *quantitativas* de medida. (ex.: comprimento, peso, tempo, etc.)

Carta X - R

Determinação da Média e Amplitude das Amostras

Calcule a Média (X) e a amplitude (R) de cada subgrupo:

$$X = \frac{X_1 + X_2 + ... + X_n}{n}$$

n = nº de amostras

$R = X_{max} - X_{min}$

Média da amplitude (R) e a média do processo (X):

$$\overline{X} = \frac{X_1 + X_2 + ... + X_k}{k}$$

$$\overline{R} = \frac{R_1 + R_2 + ... + R_k}{k}$$

k- nº de subgrupos
(20 a 25 grupos)

Calcule os Limites de Controle:

$LSC_{\overline{X}} = \overline{\overline{X}} + A_2 \overline{R}$ $LIC_{\overline{X}} = \overline{\overline{X}} - A_2 \overline{R}$

$LSC_R = D_4 \overline{R}$ $LIC_R = D_3 \overline{R}$

Tabela de Fatores para Contas X̄-R

Nº de observações no subgrupo (n)	Fatores para carta X	Fatores para carta R	
	A_2	Inferior D_3	Superior D_4
2	1,880	0	3,268
3	1,023	0	2,574
4	0,729	0	2,282
5	0,577	0	2,114
6	0,483	0	2,004
7	0,419	0,076	1,924
8	0,373	0,136	1,864
9	0,337	0,184	1,816
10	0,308	0,223	1,777

CONTROLE E FORMULÁRIO

Cartas de Controle por Atributo:

Quando as amostras refletem características *qualitativas* (ex.: defeituosos, passa/não passa, etc.).

A carta p = Fração Defeituosa

$$P = \frac{n^{\underline{o}} \text{ total de rejeições nos subgrupos}}{n^{\underline{o}} \text{ inspecionado nos subgrupos}}$$

$$\bar{p} = \frac{n^{\underline{o}} \text{ total de rejeições}}{n^{\underline{o}} \text{ total inspecionado}}$$

A carta np =

$$LSC_p^* = \bar{p} + 3\frac{\sqrt{\bar{p}(1-\bar{p})}}{\sqrt{n}} \qquad LIC_p^* = \bar{p} - 3\frac{\sqrt{\bar{p}(1-\bar{p})}}{\sqrt{n}}$$

A Carta c = número de não-conformidade

$$\bar{c} = \frac{\text{total de não-conformidades}}{n^{\underline{o}} \text{ de subgrupos}}$$

$$LSC_c = \bar{c} + 3\sqrt{\bar{c}} \qquad LIC_c = \bar{c} - 3\sqrt{\bar{c}}$$

A carta u = número de não-conformidade com variação

$$\bar{u} = \frac{\text{total de não-conformidades}}{\text{total de unidades inspecionadas}}$$

$$LSCu^* = \bar{u} + \frac{3\sqrt{\bar{u}}}{\sqrt{n}} \qquad LICu^* = \bar{u} - \frac{3\sqrt{\bar{u}}}{\sqrt{n}}$$

* Esta fórmula cria limites de controle mutáveis. Para que isto não aconteça utilize o tamanho de amostra médio, $\sqrt{\bar{n}}$, para amostras cujos tamanhos divergem ±20% do valor médio. Calcule limites individuais para as amostras que excedam estes ±20%.

INTERPRETAÇÃO DAS CARTAS DE CONTROLE

O processo é dito "fora de controle" se:

1. Um ou mais pontos caem fora dos limites de controle, ou

2. Quando você divide a carta de controle em zonas como abaixo:

```
— — — — — — — — —  Limite Superior de Controle (LSC)
        Zona A
────────────────────
        Zona B
────────────────────
        Zona C
════════════════════  Linha Central/Média
        Zona C
────────────────────
        Zona B
────────────────────
        Zona A
— — — — — — — — —  Limite Inferior de Controle (LIC)
```

Você deve observar e investigar o que mudou e, *possivelmente*, efetuar ajustes no processo se ocorrerem:

a) Dois pontos, em três sucessivos, de um mesmo lado da linha central, na Zona A ou acima desta.

b) Quatro pontos, em cinco sucessivos, de um mesmo lado da linha central, na Zona B ou acima desta.

c) Nove pontos sucessivos de um mesmo lado da linha central.

d) Seis pontos consecutivos ascendentes ou descendentes.

e) Quatorze pontos numa série alternando para cima e para baixo.

f) Quinze pontos numa série dentro da Zona C (acima e abaixo da linha central).

(Veja diagrama da página 56.)

Modelos para Controle

56

QUESTÕES A RESPONDER AO INVESTIGAR PROCESSOS FORA DE CONTROLE*

☐ Sim ☐ Não   Existem diferenças na exatidão dos instrumentos de medição utilizados?

☐ Sim ☐ Não   Existem diferenças nos métodos utilizados por operadores diferentes?

☐ Sim ☐ Não   O processo é afetado pelas condições ambientais? (Ex.: temperatura, umidade, vibração etc.)

☐ Sim ☐ Não   Ocorreram variações ambientais significativas?

☐ Sim ☐ Não   O processo foi afetado por desgaste de ferramentas?

☐ Sim ☐ Não   No período investigado havia operadores não treinados no processo?

☐ Sim ☐ Não   Ocorreram mudanças nas fontes de matéria-prima?

---

*"Fora de Controle" está definido nas páginas 55 e 56.

QUESTÕES A RESPONDER AO INVESTIGAR PROCESSOS FORA DE CONTROLE
(Continuação)

☐ Sim ☐ Não   O processo foi afetado pela fadiga do operador?

☐ Sim ☐ Não   Ocorreram mudanças nos procedimentos de manutenção?

☐ Sim ☐ Não   O equipamento tem sido ajustado com frequência?

☐ Sim ☐ Não   As amostras são retiradas de diferentes equipamentos? Turnos? Operadores?

☐ Sim ☐ Não   Os operadores receiam dar "más notícias"?

Carta de Controle —
Exemplo para Indústria
Carta X – R

DATA											
HORA		8:00	8:30	9:00	9:30	10:00	10:30	11:00	11:30	12:00	12:30
MEDIÇÃO DAS AMOSTRAS	1	-2	+1	+3	+2	-4	0	-1	-3	-6	+2
	2	-2	0	+1	+3	-3	0	+1	+2	+2	-1
	3	0	-1	-3	+5	0	-1	+2	-2	0	0
	4	0	-1	+1	+2	+1	+1	-1	+1	+4	+1
	5	-2	+1	0	+2	+3	-4	+3	+1	+4	+1
TOTAL		-6	0	+2	+14	-3	-4	+4	-1	+3	0
MÉDIA, $\bar{X}$		-1.2	0	+.4	+2.8	-.6	-.8	+.8	-.2	+.6	0
AMPLITUDE, R		2	2	6	3	7	5	4	5	10	4
OBSERVAÇÃO											

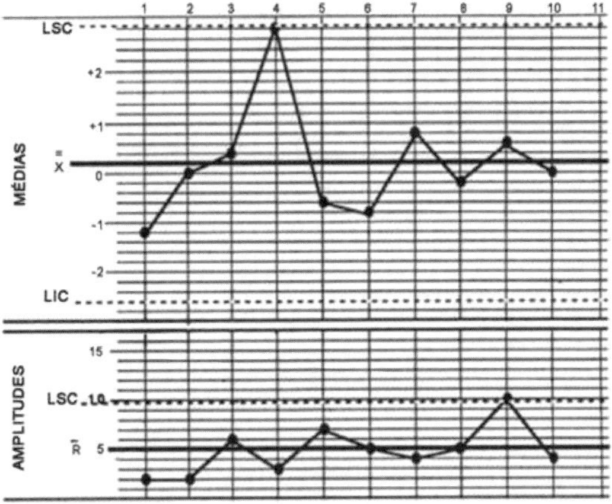

Carta de Controle — Exemplos para Administração/Serviços
Carta np
Atrasos na Sala de Operações/Dia

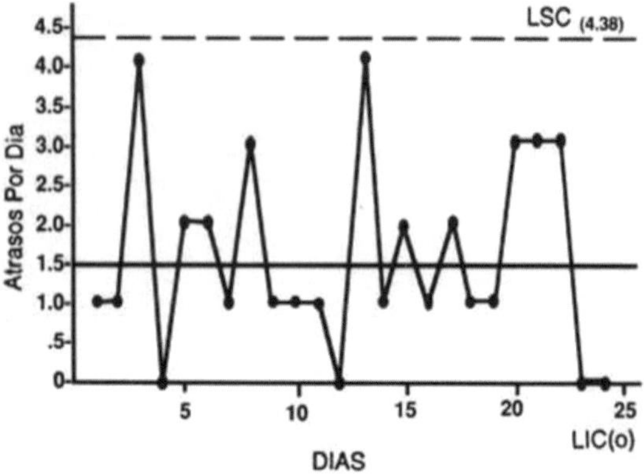

Carta de Controle —
Exemplo do Cotidiano
Percurso Residência — Escritório (min) — Manhã

ETAPA 1

				Semana					
1	2	3	4	5	6	7	8	9	10
55	90	100	70	55	75	120	65	70	100
75	95	75	110	65	85	110	65	85	80
65	60	75	65	95	65	65	90	60	65
80	60	65	60	70	65	85	90	65	60
80	55	65	60	70	65	70	60	75	80
$\overline{X}$=71	72	76	73	71	71	90	74	71	77
R=25	40	35	50	40	20	55	30	25	40

ETAPA 2
= 74,6
R = 36,0
n = 5

ETAPA 3

LSC_x = + A_2
  = 74,6 + (0,58) (36,0)
  = 74,6 + 20,88
  = 95,48

LSC_x = − A_2
  = 74,6 − 20,88
  = 53,72

LSC_R = D_4R
  = (2,11) (36,0)
  = 74,90

LIC_R = D_3R
  = 0

Percurso Residência — Escritório — Manhã

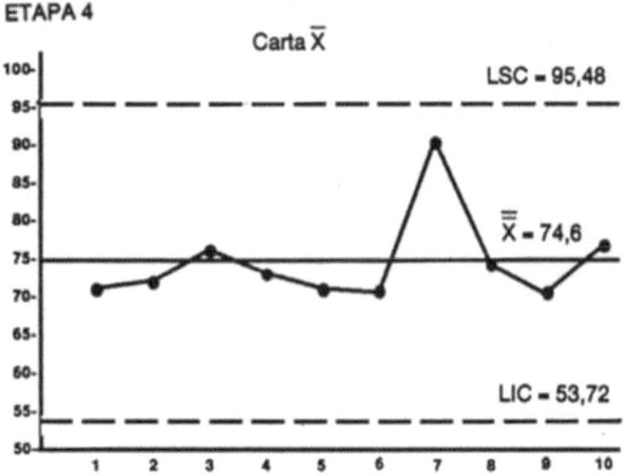

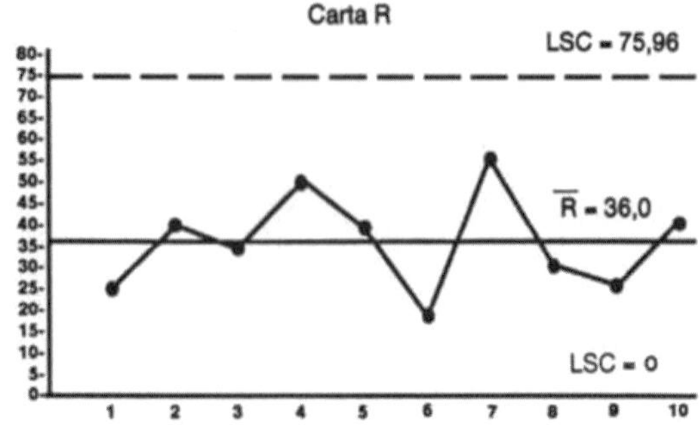

ETAPA 4

Carta $\overline{X}$

LSC = 95,48
$\overline{\overline{X}}$ = 74,6
LIC = 53,72

Carta R

LSC = 75,96
$\overline{R}$ = 36,0
LSC = 0

Utilização/Interpretação Típica
Carta de Controle

- De um modo geral, colete de 20 a 25 grupos de amostras antes de calcular os limites de controle.
- Os limites de controle superior e inferior DEVEM ser estatisticamente calculados. Não os confunda com os limites de especificação, que são baseados nos requisitos do produto.
- Os gerentes controlam as variações naturais entre os limites de controle.
- Certifique-se de selecionar corretamente a carta de controle para o tipo certo de dados (veja a carta de acompanhamento).
- Os dados devem ser registrados na mesma sequência em que são coletados, do contrário aparecerão resultados não confiáveis.
- Não interfira ou efetue mudanças no processo enquanto estiver coletando os dados; os dados devem refletir como o processo está se desenvolvendo.

> **Capabilidade do Processo:** Quando você necessitar determinar se o processo, com suas variações naturais, é capaz de atender às especificações estabelecidas (pelo cliente).

CAPABILIDADE DO PROCESSO

Estar sob controle não é o suficiente. Um processo "sob controle", pode produzir peças rejeitáveis. A verdadeira melhoria de um processo é obtida através do equilíbrio entre repetibilidade, consistência e capacidade do processo.

Para medir objetivamente até que ponto o processo está ou não atendendo às especificações, são utilizados índices de capabilidade para indicar graficamente esta medida. Índices de capabilidade comparam a distribuição do processo com os limites de especificação.

FÓRMULAS PARA CALCULAR OS ÍNDICES DE CAPABILIDADE D PROCESSO

C_p é um índice simples de capabilidade de processo que relaciona a amplitude permitida dos limites de especificação (isto é, a diferença entre o limite superior de especificação, LSE, e o limite inferior de especificação, LIE) para avaliar a real, ou natural, variabilidade do processo, representado por $6\hat{\sigma}$, onde $6\hat{\sigma}$ é o desvio padrão do processo.

$$C_p = \frac{LSE - LIE}{6\hat{\sigma}}$$

σ pode ser estimado pela carta de controle:

$\hat{\sigma} = \bar{R}/d_2$ onde $\bar{R}$ = médias das amplitudes dos subgrupos
d_2 = valor tabelado e baseado da amostra do subgrupo.

Fatores para estimar $\hat{\sigma}$:

n	d_2	n	d_2
2	1,128	6	2,534
3	1,693	7	2,704
4	2,059	8	2,847
5	2,326	9	2,970
		10	3,078

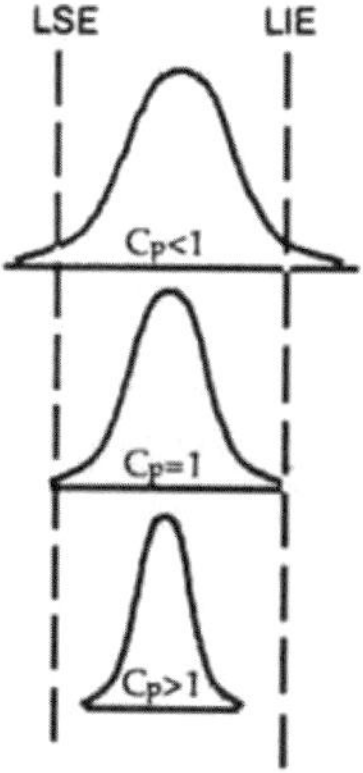

A variabilidade do processo excede a especificação – ocorrência de defeituosos.

O processo atende exatamente a especificação. Um minímo de 3% de defeituosos é esperado ou mais, se o processo não estiver centrado.

A variação do processo é menor do que a especificação, eventualmente podem ocorrer defeituosos se o processo não estiver centrado corretamente.

Uma vez que Cp relaciona a dispersão do processo com a amplitude da especificação, NÃO DEVE servir para verificar se a média do processo, $\bar{X}$, está centrada com o valor nominal. Cp está geralmente relacionado como a medida do "potencial" do processo.

Os índices de capabilidade do processo Cpi e Cps (para limites unilaterais de especificação) e Cpk (para limites bilaterais de especificação) não só medem a variação do processo com relação à especificação disponível, como também consideram a posição da média do processo. Cpk é considerado como medida da "capabilidade" do processo e utiliza o menor dos índices Cpi ou Cps.

$$Cpi = \frac{\bar{X} - LIE}{3\hat{\sigma}} \qquad Cps = \frac{LSE - \bar{X}}{3\sigma} \qquad Cpk = \min\{Cpi, Cps\}$$

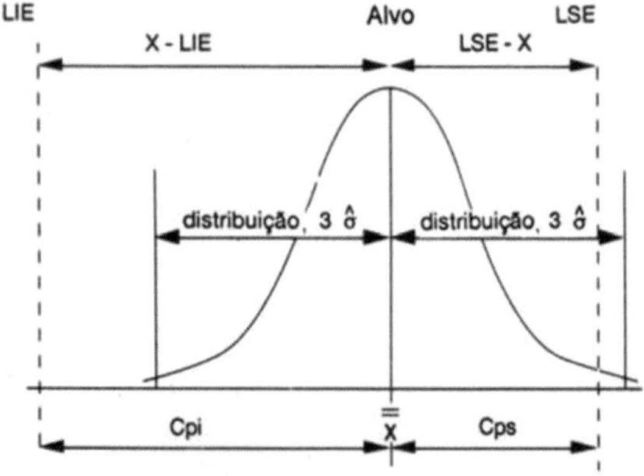

Se o processo aproxima-se da distribuição normal e está sob controle estatístico, Cpk pode ser utilizado para estimar o percentual de material defeituoso. A estimativa do percentual de material defeituoso está fora do escopo deste livrete mas pode ser encontrada em livros de estatística.

Capabilidade do Processo — Exemplo para Indústria Processo de Corte a Frio

Uma carta de controle foi construída e apresentou os seguintes resultados:

$\bar{X} = 212,5$ Espec. = 210 ± 3
$\bar{R} = 1,2$ LSE = 213
$n = 5$ LIE = 207

= / d2 = 1,2 / 2,326 = 0,51

Cp = = = 1,96

Cpi = =

Uma vez que Cpk < 1, está sendo produzido material defeituoso.

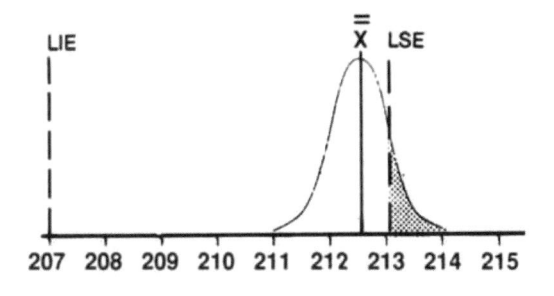

**UTILIZAÇÃO/INTERPRETAÇÃO TÍPICA
CAPACIDADE DO PROCESSO**

- O índice Cp é limitado pelas especificicações bilaterais.
- Algumas empresas utilizam o inverso da relação Cp

$$Cp = \frac{6\tilde{\sigma}}{LSE-LIE}$$

- Verifique qual a relação que seu cliente utiliza.
- O uso de índice de capabilidade do processo pressupões especificações reais e significativas. É fundamental defini-las com seu cliente.
- Se Cpi = Cps, então o processo está perfeitamente centrado.
- Algumas empresas estabelecem metas específicas para a capabilidade do processo, tipicamente um Cpk = 1,33 para qualificação de fornecedor, esperando atingir um Cpk = 2,0 ou maior no futuro.

OUTRAS FERRAMENTAS AUXILIARES
BRAINSTORMING

Todas as técnicas gráficas são auxiliares do raciocínio. Elas focalizam a atenção do usuário no aspecto mais importante do problema. Entretanto, é igualmente importante exercitar o raciocínio para englobar *todos* os aspectos do problema ou da solução deste. O *brainstorming* é utilizado para auxiliar um grupo a criar tantas idéias quanto possível no menor espaço de tempo possível.

O *brainstorming* pode ser usado de duas formas:

1. *Estruturado* — Nesta forma, todas as pessoas do grupo devem dar uma idéia a cada rodada ou "passar" até que chegue sua próxima vez. Isto geralmente obriga até mesmo os tímidos a participarem, mas pode também criar certa pressão sobre a pessoa.

2. *Não-estruturado* — Nesta forma, os membros do grupo simplesmente dão as idéias conforme elas surgem em suas mentes. Isto tende a criar uma atmosfera mais relaxada, mas também há risco de dominação pelos participantes mais extrovertidos.

Em ambos os métodos são aceitas as seguintes regras gerais:
- Nunca criticar idéias.
- Escrever num *flip-chart* ou quadro-negro *todas* as idéias. A exposição das idéias a todos, ao mesmo tempo, evita mal-entendidos e serve de estímulo para novas idéias.
- Todos devem concordar com a questão ou então esta deve ser repensada. Reescrever a nova redação.
- Escrever as palavras do participante. Não interpretar.
- Fazer um *brainstorming* rápido; 5 a 15 minutos são suficientes.

TÉCNICA NOMINAL DE GRUPO (NGT)

Ao selecionar qual o problema atacar ou em que ordem, geralmente ocorre que o problema selecionado foi influenciado por pessoas que falaram mais alto ou que têm maior autoridade. Isto cria no grupo o sentimento de que "seu" problema nunca será abordado. Este sentimento pode gerar uma falta de comprometimento com a solução do problema eleito, e também a escolha do problema *"errado"*. A *Técnica Nominal de Grupo* permite a todos do grupo uma igual participação na seleção de problemas.

As etapas do processos são as seguintes:

1. Coloque cada um do grupo escrevendo (ou falando) sobre o problema que julgar mais importante. Recolha as folhas com os problemas tão logo os participantes terminem de escrever. Alguns podem não se sentir confortáveis ao escrever, mas você pode tranquilizá-los fazendo-los falar sobre este sentimento no início da sessão.

2. Escreva os problemas relatados onde todos possam ver.

3. Verifique com o grupo se o mesmo problema foi escrito duas vezes (mesmo que com pequenas diferenças). Se houver duplicidade, combine-os em um só.

4. Peça ao grupo para escrever em um papel as letras correspondentes à quantidade de problemas que o grupo produziu. Por exemplo, se foi produzida uma relação com 5 problemas, todos devem escrever letras de A até E no papel.

5. Certifique-se de que cada problema relatado tem uma letra correspondente e ele. Peça a cada um que indique qual o problema mais importante, colocando o número cinco (5) próximo a letra correspondente. Por exemplo, a lista de problemas poderia ser:

   A. Espaço
   B. Segurança
   C. Gerenciamento
   D. Queda na qualidade
   E. Falta de manutenção

Cada membro teria um papel como abaixo:

A. _____
B. _____
C. _____
D. _____
E. _____

Então, se o participante entender que a "queda na qualidade" é o problema mais importante, escreverá:

A. _____
B. _____
C. _____
D. _____
E. _____

Todos completarão suas listas votando quais os mais importantes em 2º lugar, 3º lugar, etc.

A. 2, 5, 2, 4, 1
B. 1, 4, 5, 5, 5
C. 4, 1, 3, 3, 4
D. 5, 2, 1, 1, 2
E. 3, 3, 4, 2, 3

Uma classificação alternativa é a regra da "metade mais um". Especialmente quando envolver um grande número de itens e for necessário limitar o número de itens e for necessário limitar o número de itens a serem considerados. Esta regra sugere que seja classificada somente uma metade dos itens mais um. Por exemplo, se 20 iten forem gerados, o grupo abordará apenas 11 idéias.

6. Some os números de cada linha. O item com a maior soma é o considerado mais importante pelo grupo. Neste caso, B (segurança) aparece como o item prioritário com um total de "20". Você pode somar os números de cada item e colocá-lo em ordem.

7. Você poderá trabalhar no item B em primeiro lugar e a seguir nos itens subseqüentes da lista.

ANÁLISE DO CAMPO DE FORÇAS

As mudanças ocorrem, sejam pessoais ou organizacionais. É um processo dinâmico. Isto sugere movimento, seja do *"período A"* para o *"período B"* ou da *"condição X"* para a *"condição Y"* etc. De onde vem a energia para este *"movimento"*? Uma ótica seria encarar as mudanças como resultante de um confronto de forças que procuram influenciár as condições atuais. Esta forma de análise é baseada no trabalho de Kurt Lewin, que desenvolveu a técnica *"Análise do Campo de Forças"*. Lewin sugere que *"forças indutoras"* atuam promovendo as mudanças, enquanto *"forças restritivas"* bloqueiam este movimento. Quando não ocorrem mudanças, ou as forças opostas são iguais ou as forças restritivas são suficientes para impedir o movimento.

Considere o exemplo prático de *"Perder Peso"*:

Forças Indutoras	Forças Restritivas
Ameaça à saúde →	← Perda de tempo
Obsessão em emagrecer →	← Tendência da família
Roupas apertadas →	← Falta recursos para academia
Embaraço plo peso →	← Falta de interesse
Imagem negativa →	← Maus conselhos
Vontade de exercitar →	← Anos de alimentação errada
Reagir a tentação →	← Açúcar em excesso na alimentação
Roupas não vestem bem →	

Se as forças restritivas forem maiores que as forças indutoras, então as mudanças não ocorrerão. Isto explica porque algumas mudanças (peso perdido) ocorrerão se forças indutoras superarem as forças do outro lado do campo.

Porque a análise do campo de forças auxilia nas mudanças?

1. Porque força as pessoas a pensarem juntas sobre todos os aspectos da mudança desejada. Por outro lado, incentiva o pensamento criativo.
2. Porque encoraja as pessoas a chegar a um consenso sobre a prioridade relativa dos fatores envolvidos em cada lado do "campo". A técnica nominal de grupo pode ser usada para auxiliar o grupo a consensar com mais rapidez.
3. Porque é um ponto de partida para a ação.

Como realizar esta última tarefa? Podemos promover mudanças seja peo reforço nas *"forças indutoras"* seja pelo enfraquecimento nas *"forças restritivas"*. Fortalecer o positivo muitas vezes traz o inesperado efeito de reforçar o negativo. Você já viveu a situação onde alguém diz repetidamente que *"X, Y ou Z"* é ruim para ele? Em vez do desejado desenvolvimento, por vezes referça-se a resistência. Tudo isto refoça a tese de que é melhor diminuir ou eliminar as forças restritivas. Em nosso exemplo, traria maior benefício tratar de *"falta de tempo"* do que constantemente lembrar a alguém que as *"roupas não vestem bem"* como as que tem usado.

Se condizido conscientemente, uma análise do campo de forças pode ser uma excelente ferramenta de auxílio para idéias e estratégias de mudança.

LISTA DE VERIFICAÇÃO PARA UMA APRESENTAÇÃO À GERÊNCIA

— Defina quem são os tomadores de decisão.
— Convide os tomadores de decisão para a apresentação:
  - Por memorando, se apropriado.
  - Por telefone, no dia anterior, para confirmação.
— Providencie o local:
  - Tamanho ideal: grande o bastante para ser confortável; não tão grande para que os membros do grupo se percam.
  - Ambiente ideal: claro, calmo, limpo e informal.
— Providencie os equipamentos audivisuais:
  - *Flip-chart*
  - Retroprojetor
  - Tela
  - Canetas, transparências etc.
— Decida quais gráficos poderão ajudá-lo na apresentação.
— Prepare os gráficos e equipamentos audiovisuais:
  - Atribua responsabilidades.
  - Utilize pouco material mas de boa aparência.
— Atribua responsabilidades na apresentação.
— Durante a apresentação:
  - Fale devagar e claramente
  - Escute atentamente as perguntas; elas revelarão o que está cansativo na apresentação.
  - Relacione as recomendações de forma simples e clara.

GRÁFICO DE SETOR

Gráficos de setor (gráfico da torta) são um intrumento simples nos quais a circunferência completa representa 100% (não 360º) dos dados a serem apresentados. O círculo (torta) é dividido em setorees (fatias) percentuais para mostrar claramente a participação dos dados no conjunto. Ele é utilizado da mesma forma que o *Diagrama de Pareto*. O gráfico de setor é, algumas vezes, mais vantajoso, uma vez que é largamente usado em TV e em jornais para apresentação de dados. Como em todos os demais gráficos, procure indicar claramente o objetivo principal, datas se necessário, as percentagens das *"fatias"* e o que cada uma representa.

**Gráfico de Setor
Estudo Sobre o Peso das Pessoas**

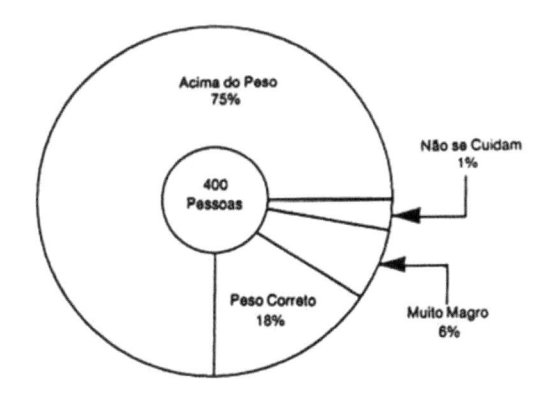

- Acima do Peso 75%
- Não se Cuidam 1%
- 400 Pessoas
- Peso Correto 18%
- Muito Magro 6%

ESTRATIFICAÇÃO*

A técnica de estratificação é muitas vezes usada para analisar dados e pesquisar oportunidades de melhoria. Ela ajuda na análise dos casos cujos dados mascaram os fatos reais. Isto geralmente ocorre quando os dados registrados provêm de diferentes fontes mas são tratados igualmente sem distinção.

Por exemplo, os dados sobre pequenos acidentes ocorridos em uma indústria podem ser registrados como um simples valor, estejam eles aumentando ou diminuido. Mas este número na realidade é a soma do total de acidentes:
- Por tipo: corte, queimaduras etc.
- Por local afetado: olhos, mãos etc.
- Por departamento: manutenção, expedição etc.

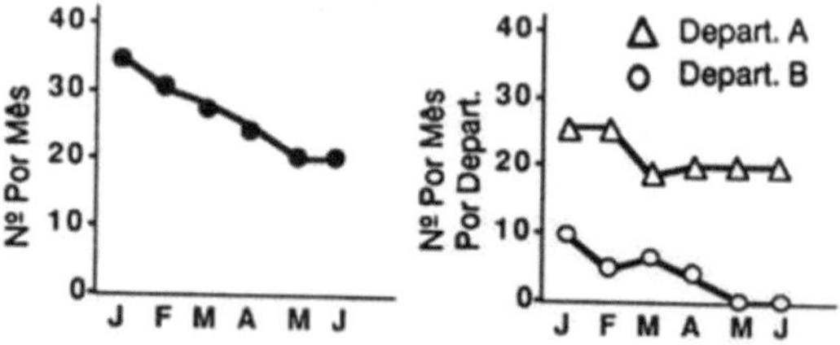

A estraticação quebra uma representação em categoria ou classes mais significativas a fim de direcionar nossa ação corretiva.

*Ver "Diferentes Usos do Diagrama de Pareto", páginas 20-22, para estratificação no diagrama de Pareto. Ver também nas págs. 172-174 do *Western Eletric Statistical Quality Control Handbook*, para exemplo de estratificação de padrões na carta de controle.

GRÁFICO DE BARRAS
Gráfico de Barras Composto

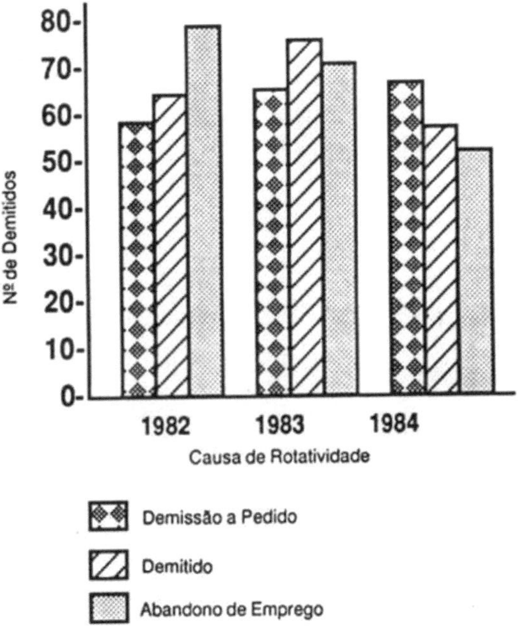

- Demissão a Pedido
- Demitido
- Abandono de Emprego

Gráfico de Barras Horizontal

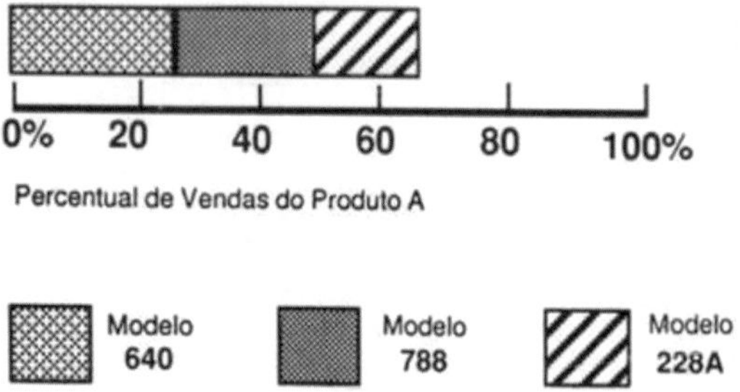

Percentual de Vendas do Produto A

- Modelo 640
- Modelo 788
- Modelo 228A

Gráfico de Barras com Números Negativos

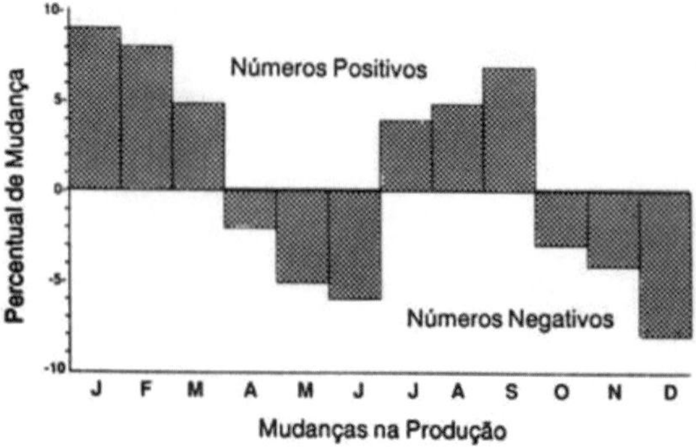

Números Positivos

Números Negativos

Percentual de Mudança

Mudanças na Produção

> **UTILIZAÇÃO/INTERPRETAÇÃO TÍPICA**
> **COLETA DE DADOS — PONTOS A CONSIDERAR**
>
> - O objetivo de solucionar problemas baseado em dados não é colher *mais* dados, mas sim dados *significativos*.
> - A coleta e o uso apropriado de dados minimiza muitos dos conflitos interpessoais que ocorrem nos grupos.
> - Os dados podem ser usados para:
> — Entender a situação atual (boa ou má).
> — Regular e modificar o processo.
> — Aceita ou rejeitar produtos ou processos.
> - Dados ruins são piores que a falta destes.
> - De preferência, os dados devem originar-se de amostras aleatórias nas quais cada evento ou peça tenham a mesma chance de ocorrer ou ser observados.
> - Para serem comparados, os dados necessitam ser coletados *consistentemente*.
> - Existem dois tipos de dados, *medidos/contínuos* e *contados/discretos*.
> - Medidos/Contínuos Dados que são medidos numa escala contínua tais como comprimento, peso, tempo ou temperatura.
> - Contados/Discretos Dados que representam a acumulação de obsevações de uma característica particular, tal como: número de defeitos, unidades vendidas, número de pessoas ou erros tipográficos.
> - Todo documento de coleta de dados deve incluir?
> — Nome do coletor dos dados.
> — Data da coleta.
> — Duração da coleta, isto é, parte do dia, período.
> — Local da coleta, isto é, departamento, seção.

UTILIZAÇÃO/INTERPRETAÇÃO
TÍPICA ERROS COMUNS A EVITAR

- Não tedencie os resultados do método de amostragem. Tente coletar amostras de forma mais aleatória possível, isto é, não tire somente as peças do alto da caixa.
- Não confunda limite de controle com limite de especificação. Os limites de controle são estatisticamente definidos enquanto os limites de especificação são baseadas nas especificações de projeto ou necessidades do cliente.
- Não complique as coisas mais do que elas devem ser. Use a ferramenta apropriada mais simples.
- Não colete dados de mais ou de menos. Não colete dados de uma semana se os de um dia são suficientes ou vice-versa.
- Não sobrecarregue os gráficos com informações. Mantenha-os simples e claros para que a mensagem seja evidente para o observador.
- Não confunda amostras com populações.
- Não interprete um mesmo gráfico em diferentes situações. Use o bom senso, isto é, a frequência de um evento nem sempre é a mais significativa medida, segundo o princípio de Pareto.
- Não se satisfaça com um único parâmetro. Tenha outras evidências como suporte, isto é, ache a amplitude, não somente a média etc.
- Não hesite em pedir ajuda quando a situação se apresentar muito complexa ou confusa para você. Muitas empresas possuem profissionais que podem ajudá-lo a coletar e analisar informações de uma forma mais eficiente e com a maior eficácia possível.

GLOSSÁRIO DOS TERMOS USADOS EM CONTROLE ESTATÍSTICO DO PROCESSO

AMOSTRA é um grupo de um ou mais elementos retirados de uma população (medição no processo) com o objetivo de identificar características e desempenho desta população (processo).

AMPLITUDE é uma medida da variabilidade num grupo de dados. É calculada subtraindo o menor valor do grupo do maior valor do mesmo grupo.

ANÁLISE DO CAMPO DE FORÇAS é a técica desenvolvida por Kurt Lewin que mostra a forças indutoras (positivas) e restritiva (negativas) presentes a qualquer mudança. É apresentada na forma de uma "folha de balanço".

*ATRIBUTOS são dados qualitativos que podem ser contados para efeito de registro e análise. A estes são atribuídas características tais como a presença (ou ausência) de um rótulo previsto ou a instalação ou não dos fixadores de uma placa. Outros exemplos podem incluir uma característica com medida inerente (isto é, pode ser tratada como variável). Quando os resultados são registrados na simples forma de bom/ruim (por exemplo, ao utilizarmos um calibre passa/não passa), são usadas as cartas p, np, c e u em lugar de carta .

CAPABILIDADE DO PROCESSO é a medida da repetibilidade (consistência) de um produto produzido por um processo. Esta avaliação é feita segundo métodos estatísticos e não por sentimento. Somente assim poderão ser comparados o modelo estatístico ou distribuição com os limites de especificação para avaliarmos se o processo pode consistentemente produzir itens segundo estas especificações.

CARTA DE CONTROLE é a representação gráfica de uma característica do pr0ocesso que registra os valores estísticos dessa característica e um ou dois limites de controle. Ela tem dois usos básicos: para avaliar se um processo está sob controle e como auxílio para obter e manter o controle estatístico.

CAUSA COMUM é a fonte de variação que independe de nossa vontade, está sempre presente; são variações aleatórias inerentes ao próprio processo. Sua origem pode eventualmente ser detectada e sua correção é papel gerencial.

CAUSA ESPECIAL é a fonte de variação intermitente, imprevisível, instavél; algumas vezes é chamada de causa investigável. É identificada pelos pontos fora do limites de controle.

CONTROLE ESTATÍSTICO é a condição do processo na qual as causas especiais foram removidas, após evidenciada, pelas cartas de controle, a não ocorrência de pontos fora de limites de controle e a não ocorrência de modelos não aleatórios ou tendências dentros destes limites.

* *DESVIO PADRÃO* é a medida da dispersão da saída do processo ou da amostra estatística desse processo (isto é, da média dos subgrupos); é representado pela letra grega σ (sigma).

DISTRIBUIÇÃO é o modelo estatístico da ocorrência de valores de um certo evento. Está baseada no conceito da variação natural dos eventos, onde a repetição de uma medição proporciona diferentes resultados. Estes resultados se comportam segundo modelos estatísticos previsíveis. A curva de Gauss (distribuição normal) é um exemplo de distribuição na qual um grande número de observações ocorrem em torno da média e em menor quantidade na área sob as duas extremidades.

DISTRIBUIÇÃO BIMODAL é aquela que apresenta duas curvas, com duas diferentes modas. Isto ocorre quando estão presentes duas diferentes populações, tais como diferentes setores, máquinas, operadores etc.

DISTRIBUIÇÃO DE FREQÜÊNCIA é uma tabulação estatística que graficamente apresenta um grande volume de dados em torno de uma tendência central (média, mediana etc) e a dispersão é claramente mostrada.

**ESPECIFICAÇÃO* é o requisito de projeto para julgar a aceitabilidade de uma característica em particular. É definida pelos requisitos funcionais do produto ou pelos requisitos dos clientes e pode ser ou não compatível com a capabilidade do processo (se não for, certamente ocorrerão itens fora de especificação). A especificação nunca deve ser confundida com os limites de controle.

ESTRATIFICAÇÃO é o processo de classificar os dados em subgrupos baseados em características ou categorias.

**INSPEÇÃO OU DETECÇÃO* é ums estratégia, pouco recomendada, que identifica itens não conformes, após estes terem sido prodzidos, e os separa dos itens conformes. (Veja também PREVENÇÃO).

LIMITE DE CONTROLE é a linha (ou linhas), de carta de controle, usada como base de julgamento da significância da variação de subgrupo a subgrupo. Uma variação fora dos limites de controle evidencia que causas específicas estão afetando o processo. Os limites de controle são calculados a partir dos dados do processo e não devem ser confundidos com as especificações do projeto.

MÉDIA é a região da distribuição de freqüências onde se concentram a maioria das observações. É conhecida como X e calculada somando-se os valores observados e dividindo-se pelo númerode observações.

MÉDIA ARITMÉTICA é uma medida de tendência central de uma distribuição. É representada por X e calculada somando-se os valores observados e dividindo-se pelo número de observações.

$$\bar{X} = \frac{X1 + X2 + \ldots + Xn}{n}$$

*NÃO-CONFORMIDADE é a ocorrência específica de uma condição em discordancia com especificações ou outros padrões de inspeção; algumas vezes é chamada discrepância ou defeito. A ocorrência de uma não-conformidade é uma indicação potencial de que outras não-conformidades podem ocorrer (uma porta pode apresentar várias mossas; um teste funcional num carburador pode revelar um certo número de discrepâncias). As cartas c e u são usadas para analisar sistemas que produzem não-conformidades.

POPULAÇÃO é o universo dos dados sob investigação da qual serão retiradas as amostras.

PREVENÇÃO é a estratégia orientada para o futuro, objetivando a melhoria da qualidade, direcionando análises e ações para a correção dos processos de produção. A prevenção é a base da filosofia da contínua melhoria.

PROCESSO é a combinação de pessoal, máquinas e equipamentos, matéria-prima, métodos e ambientes que geram produtos ou serviços.

SEQÜÊNCIAL são os modelos na carta de tendência e na carta de controle nos quais um certo número de pontos estão alinhados de um mesmo lado da linha central. Além de um certo números de pontos consecutivos (estatisticamente estabelecidos), o modelo se apresenta não natural e requer atenção especial.

SIGMA (σ) é a letra grega usada para designar o desvio padrão.

TÉCNICA NOMINAL DE GRUPO (NGT) é uma importante técnica de ordenação que permite ao grupo priorizar um grande número de ações sem criar "vencedores" e "perdedores".

TENDÊNCIAS são os modelos na carta de tendência e na carta de controle que dão a conformação de ascensão contínua de uma série de pontos. Atenção especial deve ser dada a tais modelos quando estes excederem a valores estatisticamente predeterminados.

VARIAÇÕES são as inevitáveis diferenças entre as saídas individuais de um processo. As fontes de variações podem ser grupadas em duas classes: causas comuns e causas especiais.

VARIÁVEIS são as características de um item que pode ser medidas. Exemplos: comprimento em mimlímetros, resistência em ohms, o esforço de fechar uma porta em quilogramas e o torque de uma porca em quilogramas metros (veja também ATRIBUTOS).

---

*Extraído do *Handbook of Quality Requirements Q101* (1983) da Ford Motor Company usado em suas unidades de produção e revendedores externos.

Ciclo PDCA

Diagrama do Ciclo PDCA com os quatro quadrantes:
- **P (PLAN):** Definir as metas; Definir os métodos que permitirão atingir as metas propostas
- **D (DO):** Educar e treinar; Executar a tarefa em pequena escala (coletar dados)
- **C (CHECK):** Verificar os resultados da tarefa executada com os clientes
- **A (ACT):** Atuar corretivamente

Os termos no Ciclo PDCA têm o seguinte significado:

Planejamento (P) — toda ação deve ser planejada de maneira participativa de tal modo que o plano seja um comprometimento de todos.

Execução (D) — Execução das tarefas como previsto no plano e coleta de dados para verificação do processo. Nesta etapa, é essencial a execução em pequena escala.

Verificação (C) — A partir dos dados coletados com os clientes, comparam-se esses dados com o plano.

Ações corretivas (A) — o quarto quadrante do Ciclo PDCA corresponde às ações corretivas, que são conduzidas quando algum problema é localizado durante a fase de verificação.

BIBLIOGRAFIA COMPLEMENTAR

BRAVERMAN, JEROMED. Fundamentals of Statistical Quality Control, Reston Publishing Co., Inc., VA 1981.

DEMING, W. EDWARDS, Qualidade, A Revolução da Administração, Marques Saraiva, Rio de Janeiro, 1990.

DUNCAN, ACHESON J. Quality Control and Industrial Statistics, Richard D. Irwin, Inc., IL, 1974.

GRANT, EUGENE L. and LEAVENWORTH, RICHARD S. Statistical Quality Control, ath Ed., Mc Graw-Hill Book Co., NY, 1980.

ISHIKAWA, KAORU. Guide to Quality Control, ASIAN PRODUCTIVITY ORGANIZATION, Tokyo, 1982.

ISHIKAWA, KAORU. What is Total Quality Control? The Japanese Way, Prentice-Hall, Inc., Englewood Cliffs, NJ, 1985.

KING, BOB. Better Designs In Half The Time: Implementing QFD — Quality Function Deployment, GOAL/QPC, Methuen, MA, 1988.

LATZKO, WILLIAM J. Quality & Productivity for Bankers & Financial Managers, ASQC Quality Press, Milwaukee, WI, 1987.

The Memory JoggerTM, Spanish Translation, GOAL/PQC, Methuen, MA, 1988.

SHEWHART, WALTER A. Economic Control of Quality of Manufactured Product, D. Van Nostrand Co., 1931.

Statistical Quality Control Handbook, Western Electric Co., 1956.

WALTON, MARY. O Método Deming de Administração, Marques Saraiva, Rio de Janeiro, 1988.

ANOTAÇÕES